전쟁으로 보는
한국 근대사

EBS 클래스 e 역사

| 조선, 세계의 화약고 |

전쟁으로 보는
한국 근대사

신효승 지음

근대 한국의 전쟁을 돌아보다

우리는 여전히 독립을 위한 여정에 있다고 할 수 있습니다. 독립에 대한 사전적 정의를 살펴보면 '타인, 타국가 등에 의해 지배되거나 종속적인 입장에 있던 상태에서 벗어나 하나의 주체로서 성립하는 것', '한 나라가 다른 나라의 간섭이나 속박을 받지 않고 주권을 온전히 행사하는 상태가 되는 것'이라고 되어 있습니다. 그런데 독립 이후에도 다른 나라의 간섭은 끝나는 것이 아닙니다. 우리가 대외 관계를 단절하고 고립을 자처해도 주권을 온전히 실현하기 어려운 상황에 놓일 수 있습니다. 이때 다른 나라의 간섭에도 불구하고 우리의 주권 의지를 관철할 수 있는 것이 바로 독립입니다. 이 때문에 독립은 여전히 진행 중이라고 할 수 있습니다.

다만, 처음 일을 시작할 때와 유지할 때 드는 품은 분명 차이가 있습니다. 특히 다른 나라의 간섭과 속박에서 벗어나 독립하는 것보다 독립된 상태를 유지하는 것이 더 어렵습니다. 이미 움직이기 시작한 물체가 이른바 관성에 따라 계속 움직이려는 것처럼, 독립한 이후 이를 유지하려는 방향으로 움직이고 있기 때문에 자칫 이러한 움직임을 당연하다고 여길 수 있습니다. 이런 연유로 흔히 독립이라고 하면 속박에서 벗어나는 순간만을 생각하는 것도 무리가 아닐 것입니다.

이 책에서 저는 독립의 여정이 시작되는 시기를 전후해 벌어진 주요 전쟁과 그 역사적 의미를 되새겨보고자 했습니다. 조선은 19세기 말에 세계 질서에 편입되었고, 이 과정에서 일제뿐만 아니라 서구 열강의 간섭도 시작되었습니다. 이때 벌어진 전쟁이 두 차례의 양요입니다. 이후 청일전쟁, 러일전쟁 등을 거치면서 일제의 간섭과 속박이 본격화되었고, 결국 1907년 군대가 해산되면서 국가의 존립을 유지할 수단을 상실하게 됩니다. 하지만 이 과정에서 민은 의병이라는 형태로 국권 회복의 주체가 되어 일제에 대항했습니다. 이것은 민이 근대 국민국가의 주체인 국민으로 각성해 성장하는 계기가 됩니다.

근대의 군사혁명은 국민이 전쟁의 주체로서 자리매김하는 토대가 되었습니다. 이러한 과정을 가장 잘 보여주는 것이 여기서 다루고 있는 병인양요부터 청산리전역까지 우리 근대사를 돌이켜볼 수 있는 중요한 장면이라고 할 수 있습니다. 이를 통해 국민이 국가의 주체로서 성장하는 과정을 찾고자 했습니다. 이것은 근본적으로 우리가 살고 있는 사회가 단순히 누군가로부터 주어진 것은 아니라는 점을 잘 보여줍니다. 특히 1920년 상하이 대한민국 임시정부의 '독립전쟁' 선언 이후 봉오동전투와 청산리전역은 국가의 주체로서 자리매김한 국민의 모습을 잘 보여준다고 할 수 있습니다. 1920년 6월 봉오동을 비롯해 그해 10월 청산리 등 중국 동북 지역에서 독립군은 일본군을 상대로 선전했습니다. 이로 인해 일제는 소모전의 늪에 빠져들게 되었습니다. 세계대전 이후 만성적인 경제 불황에 직면한 상태에서 우리 독립군의 전쟁은 일제에 치명적인 피해를 주었습니다. 그 결과는 우리가 잘 알고 있는 것처럼 일제의 침략전쟁과 패망이었습니다.

이 책은 EBS 클래스ⓔ에서 강의한 '전쟁으로 보는 한국 근대사'의 내용을 발전시킨 것입니다. 애초의 강의 목적은 전쟁이라는 소재를 중심으로 한국 근대사를 살펴보는 것이었습니다. 현재 우리가 살고 있는 사회를 이해하는 방법을 또 다른 관점에서 생각할 수 있는 단서를 마련한다는 측면에서 의미가 있었다는 평가를 받았습니다. 이런 평가에 힘입어 그 내용의 일부를 책으로 낼 수 있었습니다.

강의할 수 있는 기회를 마련해준 EBS 클래스ⓔ 관계자 여러분과 이 책을 기획하고 출판하는 데 도움을 주신 박민주 선생님께 감사드립니다. 무엇보다 언제나 많은 가르침을 주시고, 퇴직 이후에도 항상 책을 손에서 놓지 않으시는 김도형 선생님께 감사드립니다. 그리고 부족한 아들 편에서 언제나 격려해주신 하늘에 계신 어머니와 병상에 계신 아버지께 감사드립니다. 마지막으로 진척 없는 원고를 붙잡고 100여 년 전 시대에서 살고 있는 남편을 너그럽게 봐준 아내와 장인, 장모님께 진심으로 감사드립니다.

2022년 6월
신효승

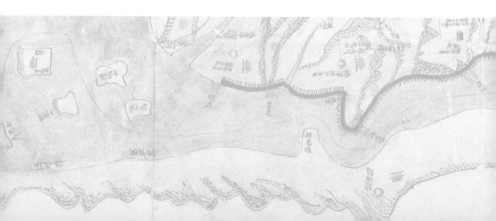

차례

1강

승리한
전쟁이란
무엇인가

병인양요

병인양요인가, 프랑스의 조선 원정인가

1866년 10월 프랑스 극동함대 사령관인 피에르-귀스타브 로즈(Pierre-Gustave Roze, 1812~1883) 제독이 이끄는 함대가 우리나라 한강 입구에 위치한 강화도에 쳐들어왔습니다. 이를 두고 우리나라에서는 병인년에 서양인이 일으킨 난이라고 하여 '병인양요(丙寅洋擾)'라고 부릅니다. 프랑스에서는 조선이라는 곳에 군대를 파병했다고 하여 '프랑스의 조선 원정(Expédition française en Corée)'이라고 합니다.

프랑스가 이른바 '조선 원정'을 하면서 구실로 내세운 것은 그해 있었던 천주교 박해 사건이었습니다. 병인년에 있었던 박해라고 하여 '병인박해'라고 부르는데, 프랑스는 당시 조선에 있던 프랑스 선교사가 처형된 것을 파병 구실로 내세운 것이죠. 프랑스는 동북아시아에 주둔 중인 자국 함대와 군대를 동원해 강화도를 불시에 점령했습니다. 그리고 병인박해와 관련해 책임자의 처벌과 통상 수교 등을 조선에 요구했습니다. 조선 정부는 프랑스의 요구를 거절했을 뿐만 아니라 프랑스 함대와 군대의 철수를 요구했습니다.

프랑스 군대는 강화도를 약탈하는 한편, 한강으로 이어지는 조운을 봉쇄했습니다. 조선은 군대를 동원해 도성과 한강의 수비를 강화하고, 김포 등에 집결하여 강화도의 탈환을 모색했죠. 이 과정에서 프랑스군은 강화도의 갑곶진과 염하를 두고 마주한 문수산성을 공격했지만 패배하면서 내륙으로 이어지는 교두보 마련에 실패했습니

EXPÉDITION
DE
CORÉE

Kang-Hoa, (Corée), le
22 octobre 1866.

AU DIRECTEUR

« Sachant que l'Il-
lustration tient à ce
que ses lecteurs
soient au courant de
tous les faits inté-
ressants qui peuvent
se produire, même à
l'autre bout du mon-
de, je n'hésite pas à
vous envoyer cette
lettre d'un pays plus
éloigné de France

que la Chine et le
Japon, bien qu'il ait
avec ceux-ci plus
d'un rapport de res-
semblance, de voisi-
nage et même de pa-
renté.

« Jusqu'à ce jour,
les Européens n'ont
guère connu la Co-
rée que de nom. A
part quelques au-
tres des Missions,
qui donc se serait
avisé de venir dans
ces contrées lointai-
nes? Même pour les
marins, les atterris-
sements de ces pa-
rages restaient à peu
près comme une let-
tre morte. Le pays
était aussi herméti-
quement fermé que
la Chine et le Japon.

EXPÉDITION DE CORÉE. — Mise à terre du corps de débarquement à Kak-Koije (fort de Kang-Hoa).

Envahissement du Yamoun (habitation du gouverneur de Kang-Hoa).

avant nos dernières
et glorieuses expé-
ditions. Partant, no-
tre commerce était
nul, car les échanges
ne se font guère où
il n'y a point au
moins l'apparence de
la sécurité dans les
transactions, et les
navires marchands
ne s'aventurent plus
où ne vont pas les
vaisseaux de guerre.

« De leur côté, les
Coréens ne se bor-
naient pas à rester
chez eux. Ils sor-
taient, au contraire,
sur des jonques
mieux construites, et
surtout beaucoup
mieux gréées et gou-
vernées à la mer que
les jonques chinoi-

ses. Leurs actes de
piraterie rappelaient
par leur audace ceux
dont les mers de la
Malaisie sont tous les
jours le théâtre. Tou-
tes les côtes orienta-
les de la Chine
avaient à se plaindre
de ces déprédations.
Le commerce de
Shang-Haï et de
Ning-Pô souffrait
cruellement. Ce qui
était plus grave, c'est
que les pirates co-
réens s'attaquaient
de préférence aux
navires d'Europe ou
d'Amérique. Per-
mettez-moi de vous
rappeler un seul fait.
Le 9 août, une goë-
lette américaine, le
Général Sherman,

Vue de Kang-Hoa. — D'après les croquis de M. H. Jubet, aspirant de marine à bord du Primauguet.

병인양요 소식을 전하는 당시의 프랑스 신문에는 '프랑스의 조선 원정(Expédition Française de Corée)'으로
표기되어 있다.
출처: L'illustration, Journal Universel, N° 1247.

다. 반면 조선군은 강화도 정족산성의 점령과 이어진 전투에서 승리하며 강화도 탈환의 교두보를 마련할 수 있었습니다. 이를 발판으로 조선군이 강화도에 계속 증원하면서 결국 프랑스군이 철수하고 병인양요는 막을 내리게 되었습니다.

병인양요의 승자는 누구인가

병인양요를 설명할 때 가장 많이 듣는 말이, 당시 조선이 프랑스를 상대로 한 전쟁에서 패배했음에도 불구하고 흥선대원군(興宣大院君, 1820~1898)을 비롯한 조선의 위정자들은 마치 조선이 승리한 것처럼 백성을 기만했다는 것입니다. 심지어 과거의 교과서에서도 이와 비슷한 내용으로 병인양요를 서술했습니다. 그런데 당시 프랑스 언론뿐 아니라 영국, 미국 등 우리가 흔히 서구 열강이라고 부르는 국가의 언론 보도를 살펴보면 우리가 알고 있는 것과 다른 내용의 기사를 쉽게 찾을 수 있습니다. 기사 내용에 따르면, 베이징 주재 프랑스 공사대리는 승리를 주장했지만, 정작 프랑스 정부는 이에 동의하지 않았습니다. 조선과 프랑스 모두 서로 패배를 주장하는 이상한 상황에서 과연 누구의 말이 옳은 것일까요?

만약 우리가 잘못 알고 있는 것이라면 과연 어디서부터 잘못 알고 있었을까요? 그리고 한국사 교과서는 왜 잘못된 내용을 서술했을까요? 여기에는 분명 일제 강점기에 일본이 우리나라의 역사 서술에 끼어들어 그렇게 각색한 부분도 있을 것입니다. 실제로 일제는 식민 지배의 당위성을 역사를 통해 보여주고자 했습니다. 이 과정에서 흔히 '조선인은 때려야 말을 잘 듣는다'와 같은 말도 안 되는 논리가 만들어졌습니다. 이른바 '타율성론'과 '정체성론'입니다. 여기서 병인양요가 일본의 역사 왜곡과 연결되는 지점은 조선이 전쟁에서 패배했음에도 불구하고, 조선의 위정자가 이를 왜곡해 개항을 미루다가 결국 세계사적 조류에 제대로 따라가지 못하면서 근대화된 일본의 지배를 받게 되었다는 것입니다. 이렇게 해서 조선의 위정자들이 무능했기 때문에 일본의 조선 침략은 정당하다는 논리로 이어집니다. 즉 병인양요와 식민 지배의 기원을 교묘하게 결합하는 논리를 만들어낸 것이죠. 당연히 이것은 일본의 식민 지배를 정당화하기 위한 역사 왜곡이며, 이와 관련해서는 이미 많은 연구가 있습니다.

그렇다면 다시 질문으로 돌아가서, 우리가 병인양요를 패배로 인식하게 된 이유는 무엇일까요? 어쩌면 우리가 지나치게 현재 관점에서 당시 상황을 바라보고 있기 때문에 그 특징을 제대로 파악하지 못하는 것일 수도 있습니다. 이를테면 당시 조선과 프랑스의 전쟁 목적 등을 제대로 파악하지 못한 상태에서 이른바 '서세동점(西勢東漸)'이라는 설명 아래 당시 상황을 평가한 결과로 여겨집니다. 특히 초기 전투에서 프랑스 함대의 압도적인 전력에 눌려 어이없이 강화도를 빼앗기는 등, 조선이 사실상 전쟁에서 패배한 것처럼 생각할

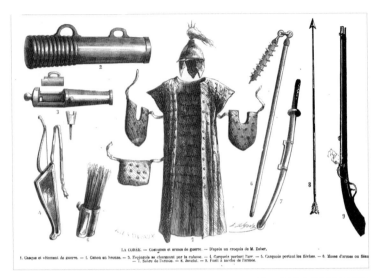

프랑스 언론에 소개된 조선군 무기.
출처: *L'illustration, Journal Universel, N° 1250.*

수 있습니다. 반면 프랑스군이 철수한 것은 원정군의 특성상 장기전에 취약하기 때문에 이미 예정된 것이기도 합니다. 그런 측면에서 병인양요를 본다면, 조선의 위정자는 프랑스의 압도적인 군사력에 패배한 전쟁을 승리로 포장한 셈입니다. 루쉰이 『아Q정전』에서 표현한 것처럼 흥선대원군의 정신승리라고 평가할 수 있을 것입니다. 결국 누가 승리했는지 제대로 살펴보기 위해서는 전쟁의 전개 과정부터 다른 시각에서 검토할 필요가 있습니다.

  우선 전쟁의 원인부터 살펴보겠습니다. 프랑스가 구실로 내세운 것은 자국 선교사들이 조선에서 처형당했다는 것입니다. 프랑스의 구실이 정당화되려면 조선 정부의 처벌이 잘못되었다는 것이 입증되어야 합니다. 당시 프랑스를 비롯한 서구 열강은 세계를 문명국과 비문명국으로 나누고, 자신들을 문명국으로 분류했습니다. 문제는 서구와 다른 질서를 형성하여 오랜 기간 발전해온 국가를 일방적으로 비문명국으로 분류했다는 점입니다. 그들의 기준에 따르면 조선 역시 비문명국에 포함되었습니다. 이들은 문화의 다양성을 인정하지 않았고, 서구화만이 문명화의 유일한 길이라고 생각했습니다. 심지어 일부는 그 길로 안내하는 것이 '백인의 의무'라고 주장하고, 이를 위해 무력 등을 사용해 강요하는 것을 당연하게 생각했습니다.

그렇기 때문에 프랑스는 조선이 자국의 선교사를 국법에 따라 처벌했다고 주장하고 있지만 그 역시 신뢰할 수 없다고 보았습니다. 자국민 보호라는 숭고하고 정당한 목적을 달성하기 위해 조선에 군대를 파병하는 것이 당연하다는 것입니다. 일견 타당한 것 같지만 애당초 조선은 선교사의 입국 자체를 허용하지 않았고, 이들의 선교 활동 역시 금지하고 있었습니다. 이러한 조선의 정책은 그때 잠시 취해진 것이 아니라 이미 오랜 기간 이어져 내려온 것이었죠. 프랑스 선교사 역시 이러한 사실을 잘 알고 있었기 때문에 밀입국이라는 형태로 조선에 들어와 비밀리 선교 활동을 한 것입니다. 애초에 그들이 조선에 밀입국하여 음성적인 활동을 하지 않았다면 프랑스 선교사 처벌은 일어날 상황이 아니었습니다.

조선 역시 이러한 국제 질서를 이른바 '만국공법(萬國公法)'이라는 형태로 이해하고 있었으며, 아편전쟁(1840~1842) 이후 중국의 개항 과정을 지켜보면서 국제법상 공표와 선례가 갖고 있는 의미까지 잘 알고 있었습니다. 조선 정부가 병인양요 직후 중국과 일본 등에 그 사실을 전달하고자 했던 것도 이러한 국제법적 특성을 나름대로 이해한 결과입니다. 이처럼 전쟁의 원인이라는 측면에서 보면 병인 양요 당시 프랑스가 내세운 선교사 처벌은 실상은 조선 침략을 위한 구실이었을 뿐임을 잘 알 수 있습니다.

아편전쟁을 통해 병인양요를 다시 본다면

병인양요의 전개 과정을 살펴보기에 앞서 중국에서 일어난 아편전쟁을 잠시 살펴볼 필요가 있습니다. 왜냐하면 아편전쟁은 당시 아시아 국가와 서구 열강 간의 충돌 양상을 극명하게 보여주기 때문입니다. 1840년 4월 7일, 영국 상원은 대중국 전쟁을 결정했습니다. 전쟁 결의안이 5월 12일 하원에서도 통과되면서 전쟁은 피할 수 없는 사실이 되었죠. 이러한 영국 정부의 결정에 따라 5월 30일 인도 총독조지 에덴 오클랜드(George Eden Auckland, 1784~1849)가 함대를 이끌고 광둥을 향해 출발했습니다. 함대는 남서 몬순을 타고 6월 28일 광둥 앞 마카오 연해에 도착했습니다. 중국에 도착한 영국 함대는 군함 16척, 수송선 27척, 동인도회사 소속의 포함 4척 등이었고, 수송선에

1차 아편전쟁 당시 영국은 강철 증기선인 네메시스호를 앞세워 해양에서 중국을 제압했다.
출처: *The Illustrated London News*(1842. 11. 12).

는 약 4,000명의 병력이 있었습니다. 이것이 아편전쟁의 시작입니다.

아편전쟁이라는 표현처럼, 이 전쟁은 개전 이전부터 정당성을 찾기 어려웠습니다. 영국 의회에서 대중국 개전을 의결하는 과정에서도 격렬한 논쟁이 오갔죠. 휘그당은 전쟁을 주장했습니다.

(우리는) 패배와 굴복, 혹은 치욕을 받아들이는 데 익숙하지 않은 국가이며, 자국민을 위협하는 자들에게 놀라울 정도의 배상금을 받아내는 국가이며, 영사를 모욕한 알제리 군주를 굴욕스럽게 만든 국가이며, 플라시 황야의 감옥에서 희생된 이들을 위해 복수하는 국가이며, 위대한 호

전쟁으로 보는 한국 근대사

민관이 영국 시민으로 하여금 과거의 로마 시민이 향유하는 것과 똑같은 명성을 누리게 하겠다고 맹세한 이래로 쇠약해진 적이 없는 국가이다. 그들은 우리가 비록 적에게 포위되거나, 누구의 도움도 받을 수 없는 상황에서 끝없이 넓은 바다와 대륙에 고립되어 있다 해도, 어느 누구라도 영국 시민의 털 한 올이라도 상하게 하면 틀림없이 처벌받게 되리라는 것을 알게 될 것이다.

—토머스 배빙턴 매콜리(Thomas Babington Macaulay)

이는 영국판 '나는 로마 시민이다(Civis Romanus sum)', 즉 팍스 브리타니카(Pax Britannica) 선언이라고 할 수 있습니다. 반면 토리당은 전쟁에 반대했습니다.

원인을 두고 볼 때, 이 전쟁보다 더 의롭지 못한 전쟁이 있었고, 이 전쟁보다 더욱 우리나라로 하여금 영원히 치욕스럽게 만들 전쟁이 있었다는 것을 나는 알지도 못하고, 또 읽어보지도 못했다. 맞은편의 존경스러운 신사께서는 (중국) 광둥에서 바람을 맞으면서 펄럭이고 있는 영국 국기를 이야기했다. 그 국기는 파렴치한 밀무역을 보호하기 위해서 게양되어 있다. 이전까지 (밀무역과 같은 목적을 위해) 국기를 중국 연해에서 게양한 적은 없었으며, 만일 지금 게양되어 있다면, 우리는 두려워하는 심정으로 그곳에서 물러나야 한다.

—윌리엄 글래드스턴(William Gladstone)

글래드스턴은 과연 영국이 '파렴치한 (아편) 밀무역'을 보호하기 위해 과연 전쟁까지 해야 할 필요가 있는지 질문했지만, 결국 토리당의 반전 결의안은 부결되었습니다. 결과는 찬성 262, 반대 271로 겨우 9표 차이였죠.

이때 광둥 총독이었던 임칙서(林則徐, 1785~1850) 역시 전쟁에 대비하고 있었는데요. 영국에 대응하는 청의 통상적인 방식은 영국 상인을 인질로 삼는 것이었습니다. 청은 영국 상인의 광둥 무역을 금지하고, 그들이 머물고 있는 마카오에 식량 공급을 중단하는 식으로 대응해왔습니다. 이러한 방법은 매우 적절했고, 과거 여러 차례 효력을 발휘했기에 임칙서 역시 통상적인 대응 방식을 답습했던 것입니다. 실제로 광둥 앞바다에 집결했던 영국 해군 대부분이 사라지자, 그는 이번에도 통상적인 대응 방식이 적중한 것으로 여겼는데요, 하지만 이것은 오산이었습니다.

광둥 앞바다에서 사라진 영국 주력 함대는 철수한 것이 아니라, 양쯔강 입구에 위치한 저우산군도(舟山群島)를 향해 북상 중이었습니다. 영국 주력 함대가 7월 5일 저우산군도 앞바다에 도착하자, 저우산을 지키던 청군은 갑자기 나타난 영국 함대를 무역선으로 착각할 정도로 당시 상황을 제대로 파악하지 못하고 있었습니다. 영국 함대가 청군에 항복을 요구하고 나서야 청군은 이들의 실체를 파악할 수 있었죠. 영국 함대는 청군이 항복을 거부하자 함포 공격을 통해 요새를 점령했습니다.

전쟁으로 보는 한국 근대사

청은 딜레마에 빠졌습니다. 왜냐하면 영국 함대가 저우산군도를 공격하고 나서 다시 북상을 시작했는데, 어디로 향하고 있는지 불분명했기 때문입니다. 청군이 방어 전략을 수립하기 위해서는 영국 주력 함대의 공격 목표를 파악하는 것이 가장 중요했습니다. 영국 해군이 접근할 수 있는 모든 전략적 거점에 병력을 배치할 수는 없었으니까요. 청군의 작전은 점점 더 미궁 속으로 빠져들고 있었습니다.

청이 영국 함대의 목표를 제대로 파악한 것은 8월 9일이었습니다. 영국 함대가 저우산군도를 공격한 이후 계속 북상하여 베이징의 입구인 칭다오까지 접근한 것입니다. 이것은 사실상 영국군의 최종 목표가 베이징이라는 것을 의미했습니다. 청의 입장에서 보면 국가의 존립과 직결될 수도 있는 심각한 문제였습니다.

청은 서둘러 영국 측과 협상을 시작했습니다. 이때 청의 전권대사로 임명된 보르지기트 키샨(Borgigit Kishan, 1786~1854)은 가장 시급한 문제가 베이징을 영국군의 위협에서 벗어나게 하는 것이라고 판단했고, 영국 측에 교섭 장소를 광둥으로 요구했습니다. 영국 측 전권대사였던 찰스 엘리엇(Charles Elliot, 1801~1875)은 순순히 키샨의 요구를 수용했고, 9월 17일을 기점으로 영국 함대는 남쪽으로 철수하기 시작했습니다.

이듬해인 1841년 1월 21일, 찰스 엘리엇과 키샨은 광둥에서 촨비 가협정을 체결했습니다. 하지만 이 가협정은 정식으로 조인되지 못했습니다. 영국과 청 모두 비준을 거부했기 때문입니다. 다시 양쯔강을 중심으로 전투가 재개되었고, 영국이 전략적 요충지인 진강을 점령하면서 최종적으로 전쟁은 청의 패배로 끝났습니다. 이후 영국과 청은 홍콩을 영국에 할양하고 광저우 등 다섯 항구를 개항한다는 내용을 담은 난징조약을 체결했습니다.

이 전쟁에서 청의 패인은 다양했지만, 전략적 측면에서 살펴본 청의 가장 큰 패인은 영국군의 공격 목표를 제대로 파악하지 못하면서 군사력을 분산시킨 것이었습니다. 영국의 승리 역시 흔히 알고 있는 것처럼 일방적 승리는 아니었습니다. 사실 찰스 엘리엇이 결정적 승기를 잡았음에도 불구하고 키샨의 요구를 수용한 것은 청의 노림수에 넘어간 것이 아니라, 영국군 내부에 심각한 문제가 있었기 때문이었습니다.

당시 영국 육군 주력 부대는 인도군이었습니다. 그런데 "인도군 중 서 있는 사람을 찾아보기 힘들다"라는 당시 기록에서 알 수 있듯, 영국군 내에 콜레라가 퍼지면서 사상자가 속출하는 상황이었습니다. 여기에 결정적으로 러시아가 아프가니스탄으로 진출하려는 움직임을 보이면서 영국을 위협했고, 이에 대응해야 하는 인도군을 더 이상 중국 전선에 투입하기 어렵게 되었죠. 이처럼 아편전쟁은 어느 일방이 상대를 완전히 압도하기 어려웠던 당시 상황을 잘 보여줍니다. 이러한 상황은 병인양요에도 그대로 적용됩니다.

전쟁으로 보는 한국 근대사

조선의 병력 배치와 프랑스의 강화도 점령

병인양요 당시 프랑스의 목표는 당연히 강화도가 아니라, 조선의 수도 한양이었습니다. 프랑스 로즈 제독은 한양에 가서 조선의 위정자에게 자신들의 위용을 보여주고 굴복시켜 통상 조약을 맺는 것이 목적이었습니다. 로즈 제독은 이미 9월 정찰 당시 함대를 이끌고 한강을 거슬러 올라가는 것이 어렵다는 점을 파악했다는 것입니다.

당시 조선은 대외적으로 두 가지 위협을 고려해 국방 정책을 수립했습니다. 하나는 일본입니다. 일본의 위협에 대응하기 위해서 조선은 통영에 수군본부를 설치하여 대마도에서 넘어오는 일본 수군을 막을 준비를 했습니다. 다른 하나는 중국으로, 조선은 압록강과 두만강을 경계 삼아 진을 설치하고 군대를 배치하여 청의 위협에 대비했습니다. 이런 것을 군사 용어로 양면전선이라고 합니다.

조선의 입장에서는 군사력을 배분하기가 그리 녹록지 않았습니다. 그래서 영정조 때는 군사력을 한양 위로는 개성, 밑으로는 수원과 강화도에 배치해 한양에 집중하고, 방어 종심을 길게 펼쳤습니다. 방어 종심을 길게 펼친다는 것은 부산을 통해 올라오는 일본군이나 압록강을 넘어오는 청군을 중간에 요격해서, 한양에 도착할 때쯤에는 힘이 빠져서 더 이상 공격이 어렵게 만든다는 전략이죠. 이렇게 공세를 이어갈 수 있는 힘이 끝나는 곳을 군사 용어로 공세종말점이라고 합니다. 일본이 공격해오면 중간에서 요격하다가 최종

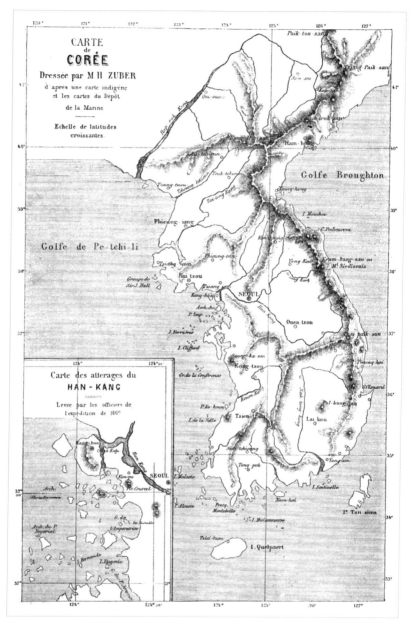

쥐베르의 조선 지도(1870).

출처: *Une carte de la Corée dessinée par Zuber et publiée dans la revue Le Tour du Monde.*

적으로는 한강과 수원에서 막고, 청이 공격하면 청천강, 대동강, 임진강 등에서 막는다는 개념입니다. 조선은 이런 식으로 방어선을 짜고 여기에 맞춰 병력을 배치하고 봉수도 설치했습니다.

문제는 프랑스가 지금까지 조선이 구상한 대응 방식과는 전혀 다르게 공격했다는 점입니다. 프랑스 함대는 한강의 인후부에 해당하는 강화도를 치고 들어온 것입니다. 강화도는 원래 보장처로 준비된 곳입니다. 보장처란 조선 정부가 위협을 받으면 피하는 곳을 말하죠. 실제로 병자호란 때도 처음에는 강화도로 도망치려다 청군이 너무 빨리 내려오는 바람에 결국 남한산성으로 피신했던 것입니다.

강화도가 보장처가 된 것은 우선 한양 인근의 큰 섬이라는 것이 중요한 요인 중 하나였습니다. 육상으로 침입한 적이 바다를 건너 강화도로 가는 것이 쉽지 않았기 때문입니다. 사실 강화도와 김포 사이에 있는 바다는 염하(鹽河)라고 하는데요, 마치 강처럼 생겼는데 소금물이 흐른다는 뜻입니다. 염하의 역할은 장애물이라고 할 수 있습니다. 즉, 강화로 넘어오려는 적을 막는 것이 염하의 역할입니다. 반면 병인양요 당시에는 처음부터 프랑스군이 강화도를 점령하면서 보장처로서 강화도의 역할과 장애물로서 염하의 역할이 사실상 무의미해졌습니다.

조선에서는 양인이 타고 다니는 배를 이양선이라고 불렀습니다. 그런 이양선의 별명은 '미친개'였습니다. 『조선왕조실록』에 실제로 나오는 표현입니다. 그 속도가 너무 빠르고, 순식간에 이리 왔다 저

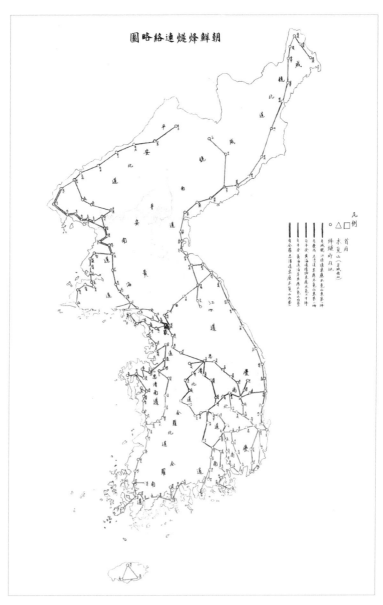

조선 봉수 지도(1914).
출처: 최진연, 『옛 이동통신 봉수』(2017).

리 갔다 한다고 해서 붙은 별명이죠. 당시 조선에서 보유한 판옥선 같은 배로는 이양선을 따라잡기 어려울 정도로 속도가 빨랐습니다. 그런데 이양선에는 치명적인 문제가 있었습니다. 해안과 하천 등에서 운용하기 어렵다는 점이었습니다.

근래 한강은 일정하게 쭉 뻗어 있지만 옛날에는 아니었습니다. 강물은 굽이졌고, 여기저기 모래톱이 있었습니다. 얼마 전까지, 그러니까 1960~1970년대까지만 해도 마포 강변에는 밤섬을 중심으로 백사장이 펼쳐져 있었습니다. 정조 때는 여기서 배를 만들기도 했습니다. 당시 양반들이 뱃놀이를 하기도 했습니다.

어쨌든 배를 물에 띄울 때는 수면에서 배의 최하부까지 잠겨 있는 부분의 깊이가 매우 중요합니다. 이를 '흘수'라고 하는데, 흘수가 수심보다 깊으면 당연히 배가 운항할 수 없습니다. 한강은 수심이 불규칙해서 물길을 잘 아는 사람이 안내하지 않으면 쉽사리 거슬러 올라올 수 없었습니다. 여기에 서해안은 조수간만의 차가 크다 보니 밀물이 시작되면 바닷물이 마포나루까지 올라옵니다. 일반적으로 조운선의 경우 강화도 인근에 모여서 때를 기다리다가 밀물을 타고 손쉽게 올라오기도 했습니다. 그렇다고 한번에 쭉 올라올 수 있는 것은 아니었고 중간에 모래톱 등이 있어서 이를 피해 올라가야 했죠. 그럼에도 불구하고 조운선이 밀물을 이용해 한강을 오를 수 있었던 것은 이러한 지형 조건에 맞게 배가 설계되었기 때문입니다.

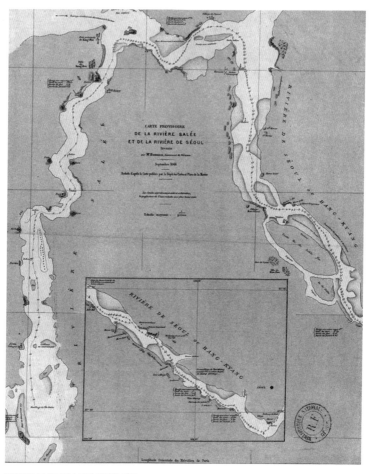

병인양요 당시 프랑스군이 작성한 해도.
출처: 프랑스 국립도서관의 디지털 도서관 갈리카(Gallica).

우리나라 배는 바닥이 평평한 평저선입니다. 반면 이양선은 우리나라 배와 달리 배 하부가 뾰족한 침저선이었죠. 침저선은 배의 하저가 모래톱 등에 걸려 복원력 이상으로 배가 기울어지면 침몰하게 됩니다. 침저선 구조는 먼 바다를 항해할 때는 유리하지만 우리 지형에서는 절대적으로 불리했습니다. 그래서 이양선은 가는 길을 하나하나 짚어가면서 수심을 측량했습니다. 프랑스군 역시 이렇게 하나하나 측량하면서 한강을 거슬러 올랐습니다. 당시 프랑스군이 만든 지도에는 그때 측량한 깊이가 남아 있습니다.

1866년 9월 이양선 한 척이 한양 도성이 보이는 곳까지 올라왔습니다. 조선 조정은 깜짝 놀랐습니다. 지금까지 이런 적이 없었기 때문이죠. 이전까지 조선을 침공한 적은 부산에서부터 걸어 올라오거나 북쪽에서 말 타고 내려오거나 둘 중 하나였습니다. 그렇기 때문에 아무리 늦어도 하루나 이틀 정도의 여유가 있었습니다. 그런데 이번에 한양 인근 한강에 출몰한 이양선은 그 어디에도 해당되지 않는 사례였습니다. 한강을 이용해 바다에서 한양까지 바로 접근한 것입니다. 이 때문에 난리가 났고, 심지어 피난을 준비하는 사람들도 있었습니다.

이양선이 한양 인근에 출몰하자 조선 정부는 급히 군대를 동원하여 대비했습니다. 이때 조선 정부가 중심에 두고 있던 것은 한양과 한강 주변이었습니다. 얼마 후 한양까지 올라온 이양선의 본진이 다시 조선을 공격했습니다. 이번에 그들의 목표는 강화도였죠. 그들은 자신들

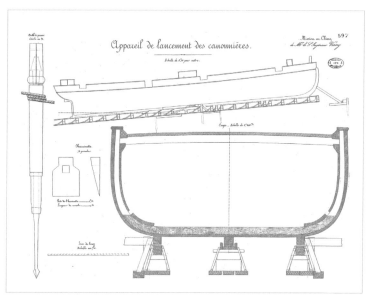

프랑스 군함 프리모게(Primauguet)의 구조도. 400마력의 스크루로 작동하는 증기 전함이다.
출처: Historic ship plans of the *Atlas du Génie Maritime*.

이 프랑스 군대이며, 병인박해 때문에 조선에 왔다고 했습니다.

프랑스가 강화도를 먼저 점령한 이유는 여러 가지가 있었지만, 그중 하나는 로즈 제독이 지난 9월 사전 정찰을 하면서 한강을 답사한 결과 한강이 군함을 운용하기에 적합하지 않다고 판단했기 때문입니다. 한강의 지형적 특성과 프랑스 군함의 구조가 서로 맞지 않았던 것이죠. 그래서 로즈 제독은 아편전쟁 당시 영국이 청을 굴복시킨 작전을 조선 원정에도 적용하고자 했습니다.

병인양요 당시 프랑스함대 기함 게리에르(La Guerrière)호.
출처: Christian Polak, *Soie et Lumières*(1950).

되찾은 강화도와 프랑스의 패전

로즈 제독은 조선을 공격하기 위해 군함 7척을 동원했습니다. 여기에 요코하마에 주둔하던 프랑스 병력 279명과 광둥 수비 병력 일부를 포함해 약 1,400여 명으로 군대를 편성했습니다. 이중 상륙 병력으로 장교를 포함해 약 800여 명을 편성했습니다.

병인양요 당시의 프랑스 군함[*]

구분	게리에르	프리모게	라플라스	데룰레드	키앙찬	타르디프	브레통
등급	converted screw frigate (1st class)	corvette	corvette	avisos	avisos	canonnières	canonnières
배수량	3,597	1,658	1,436			253	253
무장 (ton)	30×16cm 4×16cm	14×18cm Gun 6	8×14cm	Gun 2	Gun 2	1×16cm 2×12cm	1×16cm 2×12cm
흘수 (m)	6.38	5.78	5.46			1.94	1.94
승무원 (명)	545	191	192	42	51	51	59
속도 (knot)	12.6	9.8	11.5				

프랑스군은 강화도를 점령함으로써 한강을 봉쇄할 수 있었습니다. 조선의 삼남 지역에서 올라오는 조운선이 더는 한강을 이용해 한양으로 올라오지 못하게 막은 것입니다. 프랑스군은 강화도를 점령한 이후 내륙 진출을 모색했는데, 이를 위해 갑곶나루 맞은편에 있는 문수산성을 교두보로 삼으려고 점령을 시도했습니다. 특히 이 산성에서는 맞은편의 강화도 상황을 관측할 수 있었기 때문에 매우 중요했죠. 결과는 실패였고, 이후 프랑스군은 내륙으로 진출하는 것을 포기하게 됩니다.

이때 조선 역시 프랑스군의 의도를 제대로 파악하지 못하고 있었

---

* Rif Winfield, Stephen S. Roberts, *French Warships in the Age of Sail, 1786–1861*, Casemate Publishers, 2015; Stephen S. Roberts, *French Warships in the Age of Steam 1859–1914*, Seaforth Publishing, 2021; Roger Branfill-Cook, *River Gunboats, An Illustrated Encyclopaedia*, Casemate Publishers, 2016.

전쟁으로 보는 한국 근대사

습니다. 여기에 프랑스군의 전력도 모르고 있었죠. 배는 몇 척이나 되는지, 무기와 식량은 얼마나 되는지 가늠하기 어려운 상황이었습니다. 이 때문에 전략적 중심이라고 할 수 있는 한양을 방어하고 있는 군대를 차출할 수 없었습니다. 프랑스군이 내륙으로 진출을 시도할 수도 있었기 때문에 강화도에 붙잡아둬야 했습니다. 이를 위해 각지에서 군대를 모아 김포로 보냈습니다. 시간이 지날수록 각지에서 포수가 모이기 시작했죠. 병력이 늘어나면서 조선 정부, 특히 당시 실권자였던 흥선대원군은 이들에게 고기와 밥을 보내 격려하였고, 점차 조선군이 주도권을 잡기 시작했습니다. 이제 상황이 역전되었습니다. 문수산성 전투 이전에는 프랑스군이 염하를 넘어오는 것을 조선이 걱정했다면, 이제는 조선군이 염하를 넘는 것을 프랑스가 걱정하게 됩니다.

그러던 중 양헌수(梁憲洙, 1816~1888)가 이끄는 부대가 염하를 넘어 강화도 정족산성을 점령했습니다. 조선군이 정족산성을 점령하면서 전투는 육상전 중심이 되었습니다. 조선군은 프랑스의 소총 성능에 놀랐습니다. 장전 속도도 빠르고, 사거리도 길었죠. 결정적으로 양헌수가 이끄는 조선군은 소수였고, 보유 물자 역시 부족했습니다. 사실상 전투를 지속하기 어려운 상황이었습니다. 프랑스군도 고전하기는 마찬가지였습니다. 프랑스군이 볼 때 조선군은 전근대 무기인 화승총, 즉 나폴레옹 전쟁 당시에도 사용할 것 같지 않은 총을 들고 싸우는데, 문제는 신출귀몰하다는 것입니다. 그럴 수밖에 없었던 것이 양헌수가 정족산성에 이끌고 들어간 조선군은 사냥에 능숙한 포수가 주력이었죠.

결국 프랑스군은 정족산성 전투에서 패배하면서 물러납니다. 조선군 역시 정족산성을 확보한 상태에서 더 이상 추격하지 않습니다. 조선군의 목적은 정족산성을 점령해 강화도 탈환을 위한 교두보를 확보하는 것이었고, 양헌수의 일기에도 잘 나타나 있듯 사실 더 이상 싸울 여력도 없었습니다. 하지만 이때부터 조선군이 정족산성을 교두보로 계속 강화도에 증원·보강되면서 프랑스군은 수세에 몰립니다. 여기에 탄약도 떨어지고 식량도 부족해진 프랑스군은 결국 철수합니다.

철수 과정에서 이들은 강화도를 약탈합니다. 강화도에 보관 중이던 은괴를 비롯하여 『조선왕조실록』 등 많은 보물을 마구잡이로 훔쳐갔습니다. 돈이 되겠다 싶은 것들은 싹 긁어갔죠. 이후에 프랑스군의 승리를 증명하는 근거로 이때 훔쳐간 보물 등을 전리품처럼 제시하지만, 당시 프랑스 정부와 언론조차 이러한 노략질을 비난했습니다. 훔친 물건들을 가득 싣고서 자기네들이 이겼다고 주장했지만 당시 프랑스 언론뿐만 아니라 다른 서구 언론조차 프랑스의 패배로 받아들였습니다. 이것이 군사적 측면을 중심으로 바라본 병인양요의 전개 과정입니다.

2강

미군의
끔찍했던
48시간

신미양요

서구라는 새로운 위협

1871년 조선과 미국 간의 전쟁, 신미양요(辛未洋擾)가 벌어졌습니다. 미국은 제너럴셔먼호 사건을 빌미로 조선에 사과와 통상을 요구했는데요. 이 사건은 1866년 제너럴셔먼호가 대동강을 거슬러 올라와 통상을 요구하며 조선 관리를 억류하고 평양 군민을 공격하자, 평양 군민이 배를 불태워버린 사건입니다. 이때 제너럴셔먼호에 타고 있던 사람들은 모두 죽은 것으로 알려졌습니다.

미국은 일본에게 했던 것처럼 함대를 동원해 무력시위를 하면, 조선 역시 이에 굴복해 통상 조약을 체결할 수 있을 것이라고 예상했습니다. 하지만 미국은 목적을 제대로 달성하지 못한 채 발걸음을 돌릴 수밖에 없었죠. 이처럼 신미양요는 프랑스에 이어 미국까지 조선에서 서구 열강의 위상이 무너지는 계기가 되었습니다.

병인양요 이전까지 조선의 국방 전략은 양면전선의 상황에 따라 정해졌습니다. 즉 북쪽의 청과 남쪽의 왜, 이렇게 오래된 위협이 존재하고 있기 때문에 이러한 상황에 집중해 군대를 배치했습니다. 그런데 조선은 병인양요를 거치면서 서양 세력의 실체를 확인했습니다. 조선은 청과 서양 세력 간의 전쟁에서 여러 가지를 배울 수 있었죠. 이를 통해 조선은 서양 세력이 해전에서는 압도적으로 우위에 있다고 평가했습니다. 조선은 그 이유가 그들이 타고 온 이양선 때문이라고 생각했습니다. 청과 일본에 이어 서양 역시 만만치 않은

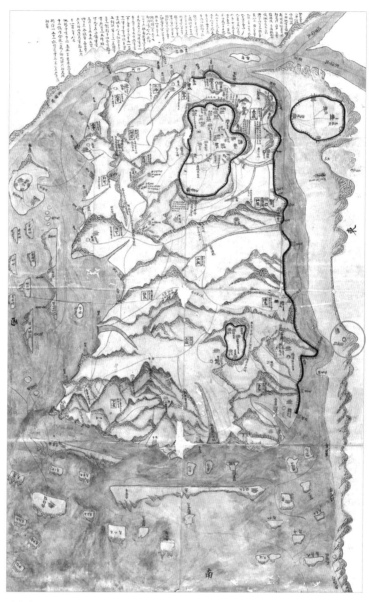

강화 지도(18세기 후반 이후). 원 표시한 곳에 덕포진이 설치되어 있는 것을 확인할 수 있다.
출처: 『강화의 옛 지도』(2003).

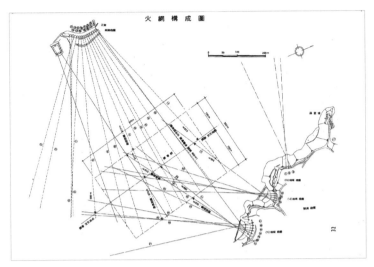

손돌목 화망구성도
출처: 『덕포진포대 발굴조사보고서』(1980)

적이라는 사실을 깨달은 것입니다.

　이것은 조선에 매우 중요한 의미를 가집니다. 조선의 국방 전략에 새로운 전선이 추가로 형성된 것과 마찬가지였죠. 강화도는 이제 보장처로서 의미를 잃었습니다. 이양선이 새로운 위협으로 등장하면서 강화도는 보장처가 아니라 최전선이 되었습니다. 이제 강화도와 김포 사이의 염하는 더 이상 내륙에서 접근하는 적으로부터 강화도를 지켜주는 장애물이 아니었습니다. 염하는 한강을 이용해 한양으로 들어오는 이양선을 막는 봉쇄선으로 그 역할이 바뀌었습니다.

　결정적으로 갑곶나루를 사용할 수 없을 때를 대비해 손돌목나루에 설치했던 수군진의 임무가 포진으로 바뀌었습니다. 여기에 덕포진과 포대를 설치했죠. 덕포진은 맞은편의 덕진진과 호응하여 손돌목에 화망을 구성했습니다. 이양선이 한강을 따라 올라와 손돌목을 통과할 때 덕포진과 덕진진의 화포가 이를 봉쇄하도록 계획했습니다. 조선군은 광성보에 지휘소를 두고 이러한 계획을 실행할 수 있도록 준비했습니다.

당시 이양선은 우리나라 배가 쫓아갈 수 없을 정도로 빨랐습니다. 프랑스 군함이 한강을 따라 한양까지 올라오는 동안 꼼짝없이 구경만 하고 있었죠. 조선 정부는 병인양요 이후 염하를 따라 진과 포대를 설치했는데, 그만큼 염하의 전략적 가치가 중요해졌음을 알수 있습니다. 이제 이양선이 서해안에 나타나면 즉각 봉화를 통해 한양뿐 아니라 강화도에도 그 소식을 전했습니다. 그러면 강화도에 주둔한 조선군이 초지진을 비롯해 강화도와 김포에 설치한 진과 포대에 배치되었고, 여기에 배치된 조선군은 자신들이 무슨 역할을 해야 하는지 잘 알고 있었습니다. 물론 길고 짧은 것은 비교해봐야 알겠지만, 조선의 군사 대비는 매우 치밀하고 조직적이었습니다. 실제로 조선군은 염하의 지형적 특징을 분석하고 암초의 위치와 물길까지 고려했습니다. 이것은 이양선이 손돌목을 지날 때 화력을 집중할위치를 고려한 것이었습니다. 이런 식으로 병인양요 이후 조선군의방어 전술은 완전히 바뀌었죠.

미국, 아시아 진출을 노리다

신미양요는 조선과 미국 간의 전쟁입니다만, 조선군이 미국 영토를 공격한 것이 아니라 미군이 조선 영토를 공격한 것입니다. 궁금한 것은 왜 미국은 이역만리 조선까지 와서 공격했는가 하는 점입니다. 그냥 놀러 온 것은 아닐 것입니다. 미국은 남북전쟁 이후 경제력 회복을 위해 부단히 노력했죠. 여기서 먼저 확인하고 넘어가야 할 것이 있습니다. 흔히 우리는 미국의 대외 정책, 이를테면 1864년 일본의 개국을 포함외교(砲艦外交)의 결과로 평가하고 있습니다. 하지만 미국 역사 교과서에서 포함외교는 1898년의 미국-스페인전쟁을 그 시작으로 보고 있습니다. 이것은 관점의 차이에서 기인한 것이라 할 수 있습니다.

역사는 관점에 따라 전혀 다르게 평가됩니다. 미국은 1898년 미국-스페인전쟁 이전까지 여러 차례 자국의 이익을 관철하기 위해 군대를 외교에 적극적으로 동원했습니다. 신미양요 역시 대표적인 사례라고 할 수 있습니다. 이때 미국 역사에서 포함외교는 통상조약 등의 체결을 넘어 점령 등 정치적 목적을 달성하기 위해 해군력을 동원한 것을 의미합니다. 반면 우리나라를 비롯해 열강의 침략을 받았던 국가에서는 포함외교라고 하면 포함이라는 해군력을 외교에 동원해 자국의 이익을 타국에 강요함으로써 그 목적을 성취하는 것을 의미한다고 할 수 있습니다.

1854년 3월 8일 요코하마에 내항한 페리 함대.
출처: 위키피디아.

미국은 일본에 페리 함대를 보내 개국을 요구했습니다. 일본은 미국 함대의 무력시위에 굴복해 결국 쇄국을 풀고 미국과 통상 수교를 맺어 교역을 허용했죠. 이렇게 미국은 일본과 교역을 시작하긴 했지만, 아시아에 안정적인 교두보를 확보했다고 할 수는 없었습니다. 그러려면 영토, 이를테면 조계를 확보하는 것이 중요했습니다. 그런데 미국은 이러한 지역을 마련하는 데 실패했습니다. 당시 아시아 교역의 중심은 상하이와 광둥이었죠. 미국과 동북아시아 특히 중국 간의 교역이 증가하면서, 여기에서 활동하는 미국 상인 역시 미국 정부에게 보다 원활한 무역 활동을 할 수 있도록 여건을 조성해

타이완 지도(1870년).
출처: Library of Congress G7910 1870. L3.

줄 것을 요구했습니다. 이 과정에서 미국 선박이 타이완 인근에서 침몰하는 사건이 발생했습니다. 이때 조난당한 선원 등이 타이완에 표류했는데, 여기서 원주민에게 살해당했습니다. 당시 침몰한 배의 이름에서 따 이를 '로버호' 사건이라고 부릅니다.

로버호 사건은 자칫 아시아에서 미국 선박의 안전이 위협받는 것

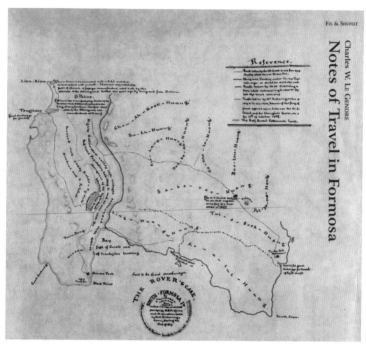

로버호 사건 이후 르장드르의 타이완 원주민 협상 결과 설명 보고.
출처: 위키피디아.

처럼 인식될 여지가 있었습니다. 이것은 미국 선박의 운항에 심각한 위험 요소로 작용했죠. 이로 인한 보험료 및 운송 비용 등의 상승은 아시아에서 활동하는 미국 상인에게 큰 부담이었습니다. 그래서 미국 정부는 이러한 리스크를 해소할 목적으로 당시 타이완을 실질적으로 지배하고 있는 청 정부에 이 문제를 해결해줄 것을 요구했습니다. 하지만 청 정부는 타이완 원주민은 통치 밖의 사람들이라

전쟁으로 보는 한국 근대사

문제를 해결할 수 없다며 미국의 요구를 거절했습니다.

결국 미국은 문제 해결을 위해 타이완에 군대를 보내 원주민을 공격하기로 결정했습니다. 미국은 동아시아에 주둔한 군함과 병력을 동원했습니다. 하트포드호와 와이오밍호에 181명의 해병대를 태우고 타이완 남부를 향했습니다. 해안에 상륙한 미 해병대의 임무는 원주민 마을을 점령하는 것이었습니다. 하지만 미 해병대는 열대 기후와 타이완 원주민의 매복으로 지휘관을 비롯해 많은 사상자가 발생해 결국 철수하게 됩니다. 타이완 원주민에게 미군이 완벽하게 패배한 것입니다. 이후 샤먼(廈門) 주재 미국 영사 르장드르(Charles William Le

Gendre)가 중국 용병 수천 명을 고용해 간접적인 방법으로 원주민에게 압력을 가함으로써 겨우 표류민의 안전을 보장받을 수 있었습니다.

미국이 타이완 원정에 나선 것은 단지 로버호 사건에 대한 보복 때문만은 아니었습니다. 이미 그전에도 중국에서 활동했던 미국 상인은 미국 정부를 상대로 타이완 원정을 요구하고 있었죠. 타이완은 아시아 항로에 위치해 여기에 중간 기착지를 설치하면 매우 유용했습니다. 이런 이유로 상하이의 미국 상인들은 2차 중영전쟁이 일어나자 당시 미국 정부에게 타이완 원정을 요구했습니다. 다만 이 요구는 남북전쟁 등의 이유로 실행에 옮겨지지는 않았죠. 하지만 남북전쟁 이후 복구 과정에서 이러한 요구가 다시 제기되었습니다. 타이완의 전략적 가치는 이후 청 정부가 타이완에 행정구역을 설치하고 통치력을 강화하는 노력을 기울이기 시작한 데에서도 확인됩니다. 타이완이 전략적으로 중요한 이유는 섬 북쪽에 위치한 지룽(基隆)에서 석탄이 채굴되었기 때문입니다. 점차 선박의 추진 수단이 증기선으로 변해가는 상황에서 지룽은 중간 기착지로 적합했습니다.

타이완 원정에 실패한 미국은 이후 새로운 근거지 후보로 조선을 모색합니다. 당시 미국은 동북아시아에 근거지가 없었기 때문에 일본의 개항장을 근거지로 활용해왔습니다. 하지만 다른 열강과 함께 사용해야 해서 운용상 한계가 있었죠. 미국이 아시아에 영향력을 확대하기 위해서는 식민지와 같은 공간이 필요했습니다. 조선은 동북아시아 3국 중 유일하게 개항하지 않았고, 이 때문에 미국이 수교를

전쟁으로 보는 한국 근대사

체결할 경우 선점할 수 있었습니다. 특히 조선은 동북아시아의 중심에 위치해 전략적으로 매우 유리했습니다. 이런 상황에서 제너럴셔먼호 사건은 적절한 구실이었죠. 그래서 미국 함대가 조선을 향했습니다.

아시아 함대, 강화도를 침공하다

제너럴셔먼호 사건은 1866년에 일어났지만 미국이 조선에 함대를 보낸 것은 1871년이었습니다. 이런 시차가 발생한 것은 여러 가지 요인이 결합한 결과이죠. 무엇보다 남북전쟁과 전후 복구 과정에서 추진된 군축 등이 결정적이었습니다. 조선 원정 시 주요 역할을 수행해야 하는 아시아 함대가 군축으로 사실상 제 역할을 할 수 없었기 때문입니다.

아시아 함대는 원래 8척으로 편성되었지만, 1869년 당시 실질적으로 운용 가능한 선박은 3척에 불과했습니다. 여기에 아슈에로트호는 수리가 시급한 상황이었습니다. 결국 미국이 아시아에서 운용할 수 있는 군함은 모노카시호와 아이다호뿐이었는데, 이 2척만으로는 조선 원정을 추진하기에 무리가 있었습니다.

이에 미국은 조선 원정을 추진하면서 추가로 4척을 증원하고, 여기에 모노카시호를 합류시켜 5척으로 조선 원정 함대를 편성합니다. 그리고 이를 지휘하기 위해 존 로저스(John Rogers, 1812~1882) 제

1860년대 미 아시아 함대

구분	델라웨어	오나이다	이로쿼이	아슈에로트	모노카시	마우미	우나딜라	아이다호
배수량	3,954	1,488	1,488	1,370	1,370	593	691	3,241
흘수	5.08	2.72	4.22	2.7	2.7	3.43	3.7	4.9
속도	12	11.5	11.5	15	15	11.5	10	15
무장	100pdr×2 60pdr×1 20pdr×2 9″SB×16	30pdr×3 9″×2 32pdr×4 12pdr×1	100pdr×1 60pdr×1 32pdr×4 9″SB×1	8″sm×4 60pdr×2 24pdrh×2 20pdr×2	8″sm×4 60pdr×2 24pdrh×2 20pdr×2	100pdr×1 30pdr×1 24pdr×4 12pdr×1	11″sm×1 24pdr×2 20pdr×2	32pdr×6 30pdr×1 12pdr h×1
승무원	325	123	123	190	190	96	114	400
비고	복귀	침몰	복귀	수리		판매	판매	

신미양요 당시의 미국 군함

구분	콜로라도	베니시아	알래스카	모노카시	팔로스
배수량	3,480t	2,439t	2,394t	1,392t	420t
흘수	6.7m	5.5m	4.9m	2.7m	2.8m
속도	9	11.5	11.5	11.2	10.35
크기	262′10″(bp) 268′6″(wl) ×52′6″×23′9″	250′6″(bp) ×38′×16′6″	250′6″(bp) ×38′×16′6″	255′(wl) ×35′×9′6″	137′(oa) ×26′×9′6″
엔진	1screw, 2-cyl. horizontal direct- acting trunk engine(79.5″×3′), 4boilers, IHP 997	1screw, 2-cyl. horizontal back- acting engine(50″× 3′6″), 4boilers, IHP 800	1screw, 2-cyl. horizontal back- acting engine(50″× 3′6″), 4boilers, IHP 800	Side Wheels, 1 inclined direct-acting engine(58″×8′9″), 2boilers	1screw, vertical compound
무장	100pdr×2 11′sm×1 9′sm×42 12pdr h×6 20pdr h×2	11′sm×1 9′sm×10 60pdr×1 20pdr×2	11′sm×1 60pdr×1 8′sm×6	8′sm×4 60pdr×2 20pdr×2 24pdr h×2	3pdr×2
승무원	674	291	291	190	52

독을 임명합니다.

베니시아호가 1869년 3월 2일 뉴햄프셔의 포츠머스에서 출발했습니다. 베니시아호는 4월 16일 남아메리카의 리우데자네이루에 도착했고, 여기서 남아프리카의 시몬스타운을 거쳐 7월 28일 싱가포르에 도착했습니다. 이어서 로저스 제독이 4월 9일 뉴욕에서 콜로라도호와 알래스카호를 이끌고 동아시아로 향했습니다. 로저스 제독은 6월 6일 리우데자네이루를 거쳐 7월 2일 시몬스타운에, 그리고 8월 12일 싱가포르에 도착했습니다. 싱가포르에서 로저스 제독은 전임자인 로완 제독으로부터 아시아 함대의 지휘권을 인수한 다음 10월 13일 상하이에 도착했습니다.

마지막으로 팔라스호가 6월 20일 보스턴에서 출발했습니다. 다른 선박의 경로와 달리 지중해와 수에즈운하를 통과한 팔라스호는 싱가포르에 먼저 도착하고, 다시 홍콩으로 출발해 9월 25일에 아시아 함대에 합류했습니다.

미국 함대는 일본 나가사키에서 5월 16일 출발해, 5월 23일 인천 인근의 입파도에 도착했습니다. 사실상 아시아에 있는 대부분의 전력을 동원한 셈입니다. 여기에 상륙전을 위해 일본에 주둔 중이던 해병대까지 태우고 왔습니다. 미 함대 중 한강에서 운용 가능한 배는 모노카시호와 팔라스호 2척뿐이었습니다. 이 2척은 흘수가 낮았고, 특히 팔라스호는 중국 하천 등에서 운용하기 위해 설계된 것이었습니다.

모노카시호(1866-1903). 1890년대 중국 항구에서 찍은 사진.
출처: U.S. Naval History and Heritage Command Photograph. NH 61702.

팔라스호(1866-1893). 1884년 중국 항구에서 찍은 사진.
출처: U.S. Naval History and Heritage Command Photograph. NH 59822.

로저스 제독은 제너럴셔먼호 사건을 빌미로 조선에 통상을 요구했습니다. 6월 1일에는 조선 정부가 이를 거부했음에도 불구하고 초지진 너머 손돌목까지 접근해 측량을 했습니다. 미 군함이 갑자기 염하를 거슬러 올라오자 조선군은 계획대로 손돌목에서 미 군함을 공격했습니다. 로저스 제독은 조선군의 공격을 빌미로 조선 정부에 사과를 요구했습니다. 이와 관련해 미국에서도 논란이 있었는데요, 미 함대의 행위가 국제법 위반이 아니냐는 것이었습니다. 이에 대해 미 해군 장관은 의회에 제출한 보고서에서 조선군이 먼저 공격했기 때문에 미 함대는 자위권 차원에서 합법적으로 행위했다고 주장한 것이죠. 하지만 들어오지 말라는 분명한 경고와 표시를 무시한 것은 문제가 있었습니다. 그런데 미 함대는 자신들은 사전에 통행에 대해 통보했으며, 마치 조선이 무주지여서 항해의 안전을 위해 측량한 것이므로 문제가 없다는 입장을 고수했습니다. 따라서 먼저 공격을 가한 조선에 대해 보복할 권리가 있다고 주장했습니다.

포격전 이후 로저스 제독은 6월 10일 공격을 개시하기로 결정하고, 조선군의 전력 그리고 지형 등을 고려해 작전 소요 시간을 22시간으로 예상했습니다. 22시간 안에 강화도의 주요 지점을 타격한 이후 철수하는 것으로 작전 계획을 수립한 것이죠. 이러한 작전 계획에 따라 식량과 물자를 준비했습니다. 미군은 모노카시호 등의 함포 지원을 받으며 초지진 인근에 상륙했습니다. 그런데 여기서 예상치 못한 장애물을 만났습니다. 바로 갯벌이었죠. 대부분의 미군은 갯벌

초지진 인근 갯벌에 상륙한 미 해병대.
출처: *Marine Amphibious Landing in Korea, 1871*, U.S. Naval History and Heritage Command.

을 제대로 경험한 적이 없었습니다. 이때의 충격이 얼마나 강렬했는지 이후 관련 교범을 제작하면서 당시 상황을 묘사한 그림을 표지로 사용할 정도였습니다. 미군은 갯벌에서 불과 200미터를 전진하는데 4시간이 걸렸죠. 이 과정에서 온갖 물건을 갯벌에 두고 나올 수밖에 없었습니다. 먼저 갯벌에 발이 푹푹 빠지면서 신발을 잃어버리기 시작했고, 그다음에는 바지를 비롯해 옷을 잃어버립니다. 어쩌면 이 정도는 괜찮은 것이었는지도 모릅니다.

미군은 조선 원정을 준비하면서 이전 사례, 특히 프랑스군이 조선에서 패배한 이유를 나름대로 분석했습니다. 미군은 프랑스군이 정족산성 등에서 조선군과 전투를 벌일 때 포병 화력이 취약해 제대로 지원하지 못한 것이 패인이라고 평가했습니다. 그래서 미군은 야포를 가지고 상륙했는데, 갯벌에서는 이 포를 끌고 갈 수가 없었습니다. 결국 갯벌에서 야포를 분해해 군인들이 짊어지고 빠져나오게 되었죠.

22시간 작전에 상륙에만 4시간이 걸렸습니다. 미군은 간신히 초지진에 도착했지만, 그곳은 비어 있었죠. 당시 초지진을 지키던 조선의 지휘관은 병마첨사 이렴(李濂)이었는데, 미 함대가 초지진을 함포로 공격하자 그는 초지진을 버리고 병력을 철수시켰습니다. 육상과 해상에서 초지진이 공격받고 있는 상황에서 무리하게 진지를 고수해봐야 어떻게 될지 뻔히 알았기 때문입니다. 그래서 이렴은 배후를 칠 계획을 세웠습니다.

미군은 초지진을 점령했지만, 조선군이 버려둔 무기 이외에 별다

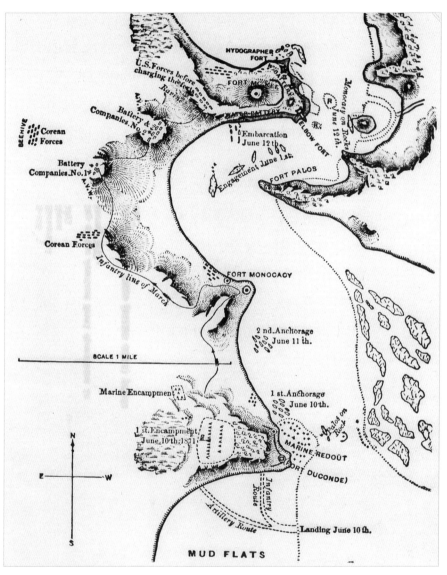

신미양요 당시 미군의 전투 상황도.
출처: USMC Historical Division Photograph Archives.

른 수확이 없었죠. 미군은 계획대로 다음 진지를 향해 이동을 시작했습니다. 미군이 향한 곳은 초지진에서 북쪽으로 2킬로미터 떨어진 덕진진이었습니다. 때는 6월, 날씨는 덥고 길은 익숙하지 않았습니다. 미군은 길을 만들어가며 이동할 수밖에 없었죠. 길을 따라 강화도 내륙으로 들어갔다가는 자칫 함포의 지원 범위에서 벗어날 수도 있었고, 길을 잃어버릴 수도 있었습니다. 미군은 강화도 내륙으로 이어진 길은 위험 부담이 크다고 판단해 염하를 따라 북쪽으로 이동했습니다.

한여름에 강행군을 하면서 열사병 환자가 속출하기 시작했습니다. 갯벌에 신발과 의복 등을 놓고 온 이들도 있었고, 부상자까지 발생하면서 나머지 병력에게 부담이 더해졌죠. 조선군과 별다른 전투가 없었는데도 부상자가 계속 발생했고, 배를 섬에 접안할 수 있는 곳도 한정돼 이들을 배로 후송할 수도 없었습니다. 배를 접안할 수 있는 가장 가까운 곳은 광성보 인근의 나루터였죠. 미군은 어쩔 수 없이 광성보 나루터를 향해 계속 이동해야 했습니다.

결국 미군은 온갖 고초 끝에 덕진진에 도착했지만, 여기에도 조선군은 없었습니다. 미군은 어쩔 수 없이 덕진진 인근에서 숙영했습니다. 22시간을 고려해 물자를 준비했기 때문에 당장 물자가 부족했죠. 이런 상황에 초지진과 덕진진 등에서 종적을 찾을 수 없던 조선군이 야간에 공격을 했습니다. 별다른 사상자가 발생한 것은 아니지만 제대로 잠을 못 자면서 미군의 피로도는 극에 달했습니다. 지칠대로 지친 나머지 당시 미군 지휘관은 '전멸'을 걱정하기도 했습니다. 특히 조선군으로 보이는 이들이 사방에서 나타났기 때문에 미군은 포위당했다고 생각했죠. 실상은 강화도에 사는 조선인들이 동향을 살피러 나온 것을 착각한 것이었습니다. 별다른 전투는 벌어지지 않았지만 미군은 극도의 피로와 불안감 속에서 광성보를 향해 계속 이동했습니다. 사실상 퇴로를 확보하기 위한 것과 마찬가지 상황이 되었습니다.

광성보는 손돌목이 바라보이는 곳에 있었습니다. 만약 미군이 광성보를 점령하면 군함이 자유롭게 갑곶진까지 올라갈 수 있습니다. 그러면 한강으로 들어가는 길목이 바로 나오기 때문에 조선군으로서는 결코 빼앗길 수 없는 곳이었습니다. 초지진 등과 달리 조선군이 물러설 수 있는 곳이 아니었죠. 결국 여기서 조선군과 미군의 치열한 전투가 벌어집니다. 미군의 기록에는 "저들은 총이 안 나가면 흙을 집어던지면서까지 저항했다"고 하면서 조선군의 항전 의지에 경의를 표하는 내용도 있습니다. 물론 미군의 입장에서는 이렇게 용맹한 조선군과 상대했다는 것 자체가 자신들의 무용을 과시하는 일이었습니다. 하지만 당시 사진을 보면 조선군이 열악한 무기로 얼마나 처절하게 저항했는지 잘 알 수 있습니다.

광성보는 미군의 육상과 해상 공격을 받아 결국 함락되었습니다. 이 과정에서 어재연(魚在淵, 1823~1871) 등 많은 조선군이 전사하기도 합니다. 광성보를 차지한 미군은 겨우 퇴로를 확보할 수 있었지만, 여기서 또 문제가 생겼습니다. 미 함대 5척 중 3척은 염하를 거슬러 올라갈 수 없었는데, 특히 기함인 콜로라도호는 흘수 때문에 염하에서 운용이 어려웠습니다. 결국 염하에서 운용할 수 있는 것은 모노카시호와 팔라스호밖에 없는데, 초지진과 덕진진 공격을 지원하는 과정에서 암초에 부딪혀 수리가 필요한 상태였습니다. 수리를 위해서는 중국 지푸항까지 가야 했고, 결국 미군은 더 이상 작전 수행이 어렵다고 판단해 철수 명령을 내립니다. 그나마 운항이 가능했던 팔라스호가 겨우 광성보 나루터에 접안해 미군을 태우고 철수했습니다. 22시간 작전은 48시간 작전이 되었고, 미국이 건질 수 있던 것은 무기 약간과 수자기(帥字旗)뿐이었습니다. 사실상 미군은 내륙으로 진출하지 못한 채 작전을 종료할 수밖에 없었습니다.

미군은 강화도에서 철수한 이후 조선과 이른바 장대 외교라는 것을 하게 됩니다. 해변 모래사장에 장대를 세워놓고 여기에 편지를 매단 것입니다. 이를테면 물이 떨어졌으니 식수를 구할 수 있도록 상륙을 허가해달라는 것 등을 편지에 적었습니다. 그러면 조선 측에서 이를 확인하고 동일한 방식으로 답장을 장대에 매달아놓았습니다.

신미양요가 남긴 것

신미양요 이후 미군은 크게 변합니다. 우선 전투 중에 소총이 제대로 작동하지 않는 경우가 자주 발생했음을 알았습니다. 불발탄이 주요 원인이었죠. 당시 미군은 탄약을 종이로 포장했습니다. 여기에 1880년대까지는 주로 흑색 화약을 사용했죠. 초산 등이 주요 원료인 흑색 화약은 쉽게 수분을 머금었기 때문에 장기간 수분에 노출될 경우 불발될 가능성이 높았습니다. 또, 탄약을 종이로 포장했기 때문에 항해 중에 방습이 제대로 안 되어 불발탄이 많아질 수밖에 없었습니다. 결국 미군은 탄약의 포장 재질을 바꿉니다. 이것은 미국의 대외 군사 활동이 갖고 있는 한계를 잘 보여줍니다.

비록 신미양요는 조선 측에 많은 희생자가 발생했지만, 전쟁 결과를 중심으로 평가한다면 사실상 미국의 패배와 마찬가지였습니다. 실제로 서구의 언론뿐 아니라 미국 의회에서도 이 문제로 해군을 질타했습니다. 결국 로저스 제독은 물러나게 됩니다. 미 해군 장관은 이와 관련해 전쟁 목적을 달성할 수 없었다는 식으로 미군의 패배를 인정할 수밖에 없었습니다. 이후 미국은 중국이나 동북아시아에 있는 선교사들에게 훈령을 내립니다. 더 이상 미국의 군사력으로 태평양 연안 지역, 특히 중국에서 활동 중인 선교사의 안전을 보장할 수 없으니 행동에 각별히 주의할 것을 당부한 것입니다. 이것은 동북아시아에서 서구 열강의 위상을 재평가하는 중요한 계기가 되었습니다. 그 중심에 조선이 승리한 신미양요가 있었습니다.

전쟁으로 보는 한국 근대사

3강

자주와
굴욕 사이

강화도조약

불평등 조약이란 무엇인가

　신미양요 이후 1875년에 운요호 사건이 일어납니다. 운요호 사건은 일본 군함이 강화도 인근에서 불법적으로 활동하다가 조선군과 전투를 벌인 사건입니다. 운요호 사건은 결국 강화도조약(1876)으로 이어졌죠. 강화도조약의 정식 명칭은 '조일수호조규'이며, '병자수호조규'라고도 부릅니다. 이 조약을 통해 조선이 세계 질서에 편입하게 되었다고 평가하기도 합니다. 한편 일본으로서는 강화도조약이 이른바 조선 침략과 대륙 팽창 정책을 본격적으로 추진하는 시발점이라고 이야기합니다. 하지만 이러한 평가는 결과론적 인식을 전제로 한 것이라 할 수 있습니다. 강화도조약 체결 이후 조선이 서구 열강과 수교하기까지는 몇 년의 시간이 더 필요했습니다. 일본 역시 자국의 조약 개정에 더 집중했고, 여전히 자국 문제를 해결하지 못한 상태였습니다. 이 때문에 일본 역시 팽창 정책을 더 진행하기 어려운 상황이었습니다.

　우리가 강화도조약에 대해 이야기할 때 주로 언급하는 것은 '불평등 조약'이라는 것입니다. 당시 조선이 일본과 체결한 조약의 성격을 불평등 조약으로 규정한 데는 이유가 몇 가지 있습니다. 그전에 우선 '불평등'이라는 말의 의미를 살펴보겠습니다. 불평등의 사전적 의미는 '권리, 의무, 자격 등에 차별이 있어 고르지 아니함'을 말합니다. 그래서 불평등이란, '차별 없이 고르고 한결같음'을 의미하는 '평등'과 대조적으로 사용되는 용어입니다. 이를테면 사회적 불평등이 그러한 예이죠. 여기서 사회적 불평등이란 '부, 권력, 지위와 같은 사회적 희소가치가 불평등하게 분배되어 개인, 집단, 지역이 서열화되어 있는 현상'을 의미합니다. 따라서 등급이나 수준 따위의 차이를 두어서 대상을 구별하는 것을 의미하는 '차별'이 불평등의 의미 속에서 중요한 비중을 차지하고 있습니다.

이때 사회적으로 문제가 되는 것은 대상을 구별하는 기준이 '개인이나 집단의 특성'이라고 한다면, 그 특성이라는 것 자체가 이른바 대상으로 구별된 주체의 의지 혹은 의사와는 전혀 무관하다는 점입니다. 우리말은 '구분'과 '구별'을 나누고 있습니다. 이를테면 '우리말'을 공통분모라고 했을 때 어떤 일정한 기준에 따라 나누는 것은 구분이라고 할 수 있고, 구별이란 이미 나누어진 각각의 것들에서 차이를 인식한다는 것에 초점이 놓여 있죠. 만일 각각의 주체가 맺은 합의인 조약을 불평등하다고 평가했다면, 체결 주체 혹은 조약 내용이 어떤 특성을 기준으로 구별했을 때 고르지 않다는 뜻입니다.

오히려 더 복잡하게 설명한 것 같습니다. 사실 이렇게 복잡하고 길게 설명한 이유는 이른바 '불평등 조약'이라는 표현 앞에 무언가가 생략되었다는 점을 말씀드리고 싶기 때문입니다. 이를 '조약'이라는 의미와 연결해보면 보다 분명해집니다. 1969년의 '조약법에 관한 빈 협약'에 따르면, 조약은 "단일 문서나 둘 이상의 관련 문서로 되어 있고, 그리고 그 특정 명칭이야 어떠하든, 서면 형식으로 국가 간에 체결되고 국제법에 의하여 규율되는 국제적 합의"라고 정의하였습니다. 물론 이러한 정의는 '불평등 조약'이 체결되던 시점을 고려한다면 최소한 역사적 측면에서는 인정할 수 있습니다. 하지만 중요한 점은 조약을 근대적 계약의 측면에서 이해할 필요가 있다는 점입니다. 계약이라는 의미 자체가 두 의사 표시의 동가치적인 협력 작용을 전제로 하기 때문이죠.

흔히 한말에 일본과 맺은 조약을 불평등 조약이라고 하지만 보다 신중하게 살펴볼 필요가 있습니다. 이를테면 청에서 통관이 허용된 아편에 대해서 조선은 수입을 불허했습니다. 아편이라는 사례를 중심으로 살펴보면, 오히려 조선이 우위에 있었다고 이야기할 수도 있죠. 청조차 허용한 상황에서 조선은 이를 금지시켰기 때문입니다. 조선과 일본이 어디에 중점을 두고 있었는가에 따라 운동장의 기울기가 달라져, 흔히 이야기하는 강화도조약의 불평등성이란 주장은 전혀 다른 결과로 이어질 수 있습니다.

일본은 과연 준비가 되었을까

여기서는 이러한 조약의 불평등성을 이야기하기 전에 운요호 사건과 당시 국제 상황 등을 중심으로 살펴보겠습니다. 이를 위해서는 우선 당시 일본이 조선을 상대로 과연 전쟁에서 승리할 수 있었는지, 애당초 일본이 조선을 공격할 능력이 있었는지 생각할 필요가 있습니다. 메이지유신 이후 눈부신 성장을 이룬 일본에게 조선은 상대조차 안 되는 것처럼 말하는 사람도 있는데요. 그렇다면 실제 당시 조선과 일본의 군사력 격차는 과연 어느 정도였을까요?

조선에서 일어난 병인양요와 신미양요에 대한 정보는 일본에도 전해집니다. 심지어 조선 정부가 직접 일본에 그 결과를 알려주기까지 합니다. 한편 일본은 여기에 개입해 이익을 얻고자 하기도 합니다. 이른바 일본의 '숟가락 얹기' 전략입니다. 그러나 메이지유신 전후의 혼란으로 이러한 시도는 별다른 효과를 거두지 못합니다. 신미양요 당시에는 미국 함대에 동승하려던 일본 관리가 제때 도착하지 못해 결국 승선도 못 하는 해프닝도 있었습니다. 이러한 해프닝을 통해 당시 일본의 상황을 엿볼 수 있는 것입니다.

일본은 다양한 경로로 조선에 대한 정보를 파악하고자 했습니다. 병인양요와 신미양요를 통해 일본은 부산에 상륙해 한양으로 향하는 육로가 아닌, 강화도를 통해 조선을 공격하는 방안을 모색하게 됩니다. 이때도 일본은 이 경우 3~4만 명에 이르는 병력이 필요하다는 비교적 구체적인 군사적 소요 판단까지 합니다. 이러한 군사적 판단에 근거한다면 당시 일본은 조선에 그 정도의 병력을 보낼 능력이 없었습니다.

조선의 역사적 경험 속에 임진왜란은 너무나도 뚜렷하게 남아 있

전쟁으로 보는 한국 근대사

었습니다. 수십만 명의 왜군이 대한해협을 넘어 부산에 상륙해 한양까지 올라간 경험은 잊기 어려울 것입니다. 군사적 측면만을 고려한다면, 아마 그때 일본의 군사력은 매우 강했다고 평가할 수도 있죠. 하지만 1870년대 일본은 그만큼의 군사력을 보유하지 못했습니다. 당시 일본의 상황과 일본 해군의 설립 등에 관해서는 현재 일본의 주요 기업인 미쓰비시의 역사를 통해 알 수 있습니다.

1870년대 일본의 상황과 노림수

일본은 전통적으로 육군 중심의 국가입니다. 사무라이 역시 군사적 특성만을 고려한다면 육군이라고 할 수 있습니다. 일본군이 육군과 해군으로 분리된 것은 1872년입니다. 생각해보면 이것은 정말 이상한 상황이라고 할 수 있는데, 왜냐하면 일본은 섬나라이기 때문이죠. 당장 일본에서 조선에 오려면 바다를 건너야 합니다. 이를 위해서는 당연히 그 수단인 배가 필요했고, 일본의 주요 지역을 오가는 데도 배가 필요했습니다. 그리고 배는 이동에만 필요한 것이 아니었습니다. 일본의 개국은 1853년 미국의 페리 함대가 내항하여 무력시위를 하면서 통상 수교를 요구한 결과였습니다. 페리 함대처럼 바다를 통해 다가오는 경우 이에 대항하기 위해서도 군함이 필요했죠. 일본은 페리 함대의 내항 이후 네덜란드에 증기선을 발주하고, 나가사키에 해군 전습소를 설립하여 해군 사관을 양성하는 등 해방 전력을 강화했습니다. 다만 여기서는 해방이라는 전략적 측면, 즉 육병 수송과 연안에 접근하는 적선에 대한 방어가 중심이었고, 이 때문에 선박 대부분이 수송선이었습니다.

메이지유신 이후에도 병부성 아래에 해군을 두었습니다. 1872년 일본 해군이 병부성에서 독립할 때 보유한 군함은 수송선을 포함하여 14척에 불과했고, 이중 수송선은 3척, 일본 해군이 보유한 군함의 총배수량은 1만 3,000여 톤이었습니다. 여기서 총배수량은 매우 중요한 의미가 있는데요. 이것과 비교해서 살펴봐야 하는 것은 병인년과 신미년에 조선을 공격한 프랑스와 미국 함대의 배수량입니다.

구분	병인양요	신미양요	1872년
대상	프랑스 함대	미국 함대	일본 해군
척수	3척	5척	14척
배수량	6,334톤	10,125톤	13,832톤
비고	소형 선박 4척 제외		수송선 3척 포함

병인양요와 신미양요 당시 프랑스와 미국의 상륙 병력이 불과 1,000여 명 내외였음을 고려한다면 일본군이 병력 수송을 중심으로 선박을 운용한다고 해도 한계가 명확했습니다.

일본이 해군을 독립시키는 과정에서 우리가 주목해야 할 사건이 하나 있습니다. 바로 타이완 침략입니다. 일본에서는 이를 '타이완 정벌'이라고 하고, 중국에서는 '모란사 사건'이라고 합니다. '정벌'이라고 하는 것은 행위를 정당화하는 표현입니다. 여기서는 행위 그대로 '타이완 침략'이라고 하겠습니다.

일본이 타이완 침략을 준비한 것은 당시 류큐 왕국(현 오키나와)에 대한 종주권 문제가 걸려 있었기 때문입니다. 류큐는 일본에도 사절단을 보내고, 중국도 계속 책봉을 받고 있었습니다. 그런데 일본은 메이지유신 이후 새롭게 행정구역을 개편하면서 류큐를 가고시마의 관할로 편입하고, 류큐인에 대한 일본 신민화에 착수했죠. 이 과정 중에 1871년 류큐인이 타이완에 표착했는데, 이들을 타이완 원주민이 살해하는 사건이 벌어졌습니다. 일본은 류큐인은 자국민이라고 주장하면서 중국 정부를 상대로 항의했습니다. 일본의 목적은 이를 통해 열강으로부터 류큐에 대한 종주권을 인정받기 위한 것이었습니다. 이 때문에 일본은 정벌이라고 주장하지만, 중국은 사건이라고 바라보는 것입니다. 결정적으로 여기에 류큐인의 시각은 전혀 반영되어 있지 않다는 것입니다. 일본은 항의라는 미명하에 영토 팽창 야욕을 감추고 군대를 동원했습니다. 일본은 3,600명의 병력과 군속을 포함해 총 5,990여 명을 동원해서 타이완을 침략했습니다.

그런데 병력과 물자를 싣고 타이완까지 갈 수 있는 배가 없었고, 당시 일본 해군만으로는 이 문제를 해결할 수 없었습니다. 결국 일

일본 해군 창설 당시 철갑함 류조.
출처:『図説東郷平八郎: 目でみる明治の海軍』

본 정부 타이완사무국의 고문이었던 영국인 브라운에게 의뢰해 영국 선박 12척과 미국 선박 1척, 총 13척의 대형 선박을 구매하기로 미쓰비시에 위탁했고, 겨우 이 문제를 해결한 것이죠.

타이완 침략 과정 중에 일본은 또 다른 문제에 봉착합니다. 말라리아 등의 질병으로 560여 명이 병사한 것입니다. 타이완 침략 당시 전사자가 불과 열두 명뿐이었다는 점을 고려한다면 그 심각성을 알 수 있습니다. 이것은 당시 일본군의 대외 작전 수행 능력이 사실상 전무하다는 것을 보여줍니다. 1875년 전까지 일본군의 상황을 고려하면 과연 조선을 상대로 전쟁 수행이 가능하겠느냐는 의문이 들 수밖에 없습니다. 이 때문에 운요호 사건을 좀더 면밀하게 살펴봐야 합니다.

1874년 타이완 침략 당시 사이고와 막료 및 대만 원주민.
출처: 국립대만박물관.

최근 연구*에 따르면, 일본 정부가 운요호 사건에 직접적으로 개입했음을 증명하는 문건은 없지만, 최소한 당시 일본 정부의 주요 인물이었던 이토 히로부미(伊藤博文, 1841~1909) 등은 그 의도를 알면서도 이를 묵인 내지 방조하는 식의 간접적 방법으로 개입했습니다. 이렇듯 전력도 충분하지 않은 상태에서 운요호 사건을 일으켜 이를 빌미로 조선과 국교를 재개하려던 것은 일본 내부 문제 해결이 목적이었죠. 당시 일본 내에는 정한론자의 반발을 비롯해 메이지 정부에 불만을 품은 사족과, 결정적으로 일본군 내 반정부 성향의 움직임이

* 김종학, 「조일수호조규는 포함외교의 산물이었는가?」, 《역사비평》 114, 2016, 37쪽.

가시화되면서 이를 전환시킬 필요가 절실했기 때문입니다.

일본은 메이지유신 이후 조선과 국교를 재개하기 위해 부단히 노력합니다. 일본의 국제적 위상을 대내외적으로 보여줄 수 있는 대표적 성과로 포장할 수 있기 때문입니다. 흥선대원군이 집권하던 시기에 조선은 서계를 문제 삼아 일본의 국서를 거부했었는데, 이로 인해 사실상 조선과 일본 간의 국교가 단절된 상태였습니다. 이후 일본은 조선과 국교를 재개할 명분을 만들기 위해 부단히 노력했고, 그 과정에서 운요호 사건이 일어났습니다.

여기서 캐슬독트린(Castle Doctrine)이라는 근대적 영토 국가의 중요한 특징이 등장합니다. 캐슬독트린이란 어떤 공동체(성)가 외부의 공격을 받았을 경우 이에 반격할 수 있으며, 이 반격은 정당하다는 원칙입니다. 성이란 것은 땅에 속박되어 있기 때문에 움직일 수 없고, 그런 상황에서 성을 지키는 것은 성에 살고 있는 사람들의 생존과 직결되기 때문입니다. 특히 서구 문화권에서 이러한 원칙은 매우 중요하게 여겨졌습니다. 다만 예외적 상황을 고려할 수 있습니다. 이를테면 누군가 길을 가다가 비를 만나 피하는 중이라면 잠시 성의 처마 밑에서 몸을 피할 수도 있습니다. 이 경우 아무리 성을 지키는 이의 행동이 정당하다 해도 그 처사에 항의할 수 있습니다. 이 때문에 성을 지키는 군인은 누군가 접근할 때 방어할 수 있는 정당한 권리가 있지만, 이 권리를 행사할 때는 신중해야 합니다. 일본이 노린 것이 이러한 예외적 상황이었습니다.

일본의 노림수를 좀더 구체적으로 살펴보겠습니다. 캐슬독트린은 바다에서도 마찬가지로 적용됩니다. 풍랑 등으로 표류한다거나 식수가 떨어져 이를 구하기 위한 것이라면, 어쩔 수 없이 육지에 접근할 수밖에 없습니다. 원래 이런 경우에 대비해 상호 분쟁이 발생하는 것을 해결할 여러 관습적인 방안이 존재했죠. 조선은 이양선이 해안에 접근하면 지방관이 문정을 통해 그 이유를 확인하고, 앞서 언급한 그런 이유거나 식료품 등을 필요로 할 경우 그 문제를 해결한 후 그대로 떠나보내는 방식을 썼습니다. 이것 역시 분쟁을 해결할 수 있는 일종의 프로토콜이라고 할 것입니다.

반면 일본은 국교 재개라는 목적을 숨기고 있었기 때문에 조선을 상대로 요구를 강요할 구실을 만들어야 했습니다. 이때 일본이 참고한 것은 병인양요와 신미양요 당시 서구 열강이 통상을 요구하면서 써먹은 방법, 즉 조선군의 공격에 대응한 자위권의 행사라는 것입니다. 이를 위해서는 조선군이 일본을 상대로 선제공격을 해야 했습니다. 사실상 운요호 사건의 전개 과정은 이러한 필요에 따라 진행되었습니다. 처음에 일본은 운요호 등 군함을 부산에 보내서 무력 시위를 합니다. 이어 운요호를 동해안을 따라 북상시켜 해로 측량과 무력 시위를 계속합니다. 그럼에도 조선 정부의 대응을 확인하기 어렵자 강화도 인근에서 식수를 구한다는 명분하에 조선이 측량과 출입을 엄격히 통제하고 있는 염하의 초지진까지 접근했습니다. 당연히 조선군은 접근을 경고하는 사격을 합니다. 일본은 조선군의 경고 사격에 대해 항의하기 시작했습니다. 즉 일본이 목적을 위해 고의적으로 운요호 사건을 유도한 것이라고 할 수 있는 것이죠. 그럼에도 일본은 조선이 먼저 공격한 것이라며 사과를 요구합니다.

일본과 조선의 정보 비대칭

우리는 강화도조약을 일본의 강압에 의한 불평등 조약이라고 이야기합니다. 하지만 흔히 이야기하듯 운요호 사건이 벌어지고 강화도조약이 맺어지던 1876년의 상황을 그렇게만 보기는 어렵습니다. 물론 당시 조선이나 일본의 상황을 단정적으로 이야기할 수는 없으며, 또 1876년의 개항 자체를 자주적이라고 단정할 수도 없습니다. 하지만 중요한 것은 조선이 일본의 강압에 굴복해서 억지로 개항한 것은 아니라는 점입니다.

오랜 세월 조선과 관계를 맺었음에도 일본인이 조선을 방문한 경우는 극히 드물었습니다. 특히 지역에 속박된 사무라이의 경우는 거의 그랬죠. 메이지유신 이후에도 별반 다르지 않았습니다. 대부분 자기가 태어난 곳에서 거의 벗어나지 못했습니다. 이것은 다른 지역의 풍토병에 매우 취약하다는 뜻이고, 군사적으로는 원정 시 많은 환자가 발생할 수 있다는 의미입니다. 앞에서 살펴본 타이완 침략 때 일본군에서는 600여 명의 병사자가 발생했는데, 당시 주요 원인은 말라리아였습니다.

메이지 정부는 수립되었지만, 아직 자리를 잡지는 못했습니다. 내부적으로 불만이 쌓여가는 상황이었죠. 여기에 대외 원정은 여전히 현지화 등의 문제로 한계가 있었습니다. 사실 이러한 상황은 서구 열강 역시 마찬가지였습니다. 여전히 함포 지원이 가능한 연안에서 벗어나기 어려웠습니다. 이러한 상황은 19세기 중반 이후에야 극복되기 시작합니다. 퀴닌(quinine)이라는 말라리아약이 나오고, 무연 화약이 등장한 뒤입니다. 이른바 '열대병'이라는 풍토병을 근대적 의료 체계로 극복하고, 무연 화약을 기반으로 기관총 같은 무기가 상용화되기 시작하면서 점차 연안에서 내륙으로 진출할 수 있었습니다. 여기에 내연기관이 등장하면서 내륙을 향한 수송 수단까지 마련되었습니다. 사실상 1880년대에 이러한 기술 개발이 이어지면서 군사력 역시 점차 인력 중심에서 벗어날 수 있었습니다.

당시 말라리아는 극복하기 힘든 병이었습니다. 이런 예를 들어보죠. 수에즈운하가 건설되기 전에 유럽에서 아시아에 가려면 아프리카 대륙의 희망봉을 돌아서 가야 했죠. 신미양요 때 로저스 제독이 이끄는 군함 중 상당수는 이 경로로 이동했습니다. 이때 아프리카 적도 부근 서해안의 라이베리아 지역은 '백인 남자의 무덤'이라고 불렸는데요. 유럽에서 출발한 이후 많은 선원이 여기를 넘지 못하고 죽었기 때문입니다. 선원을 죽음으로 몰아간 주요 원인은 말라리아였습니다. 이곳을 무사히 지나가면 몸 안에 항체가 형성되어 이후에는 말라리아에 걸릴 가능성이 현저히 낮아졌죠. 유럽에 살던 사람이 아프리카의 환경에 제대로 적응하지 못해 발생한 결과였습니다. 일본의 조선 원정 시에도 이런 일이 있어났습니다.

운요호 사건 이후 조선과 조약 내용을 조율하는 과정에서 이러한 사정이 잘 드러납니다. 일본은 강화도조약을 협상하면서 각종 무기를 늘어놓고, 실제 데리고 온 병력보다 서너 배 부풀려 병력을 이야기하는 등 위협적인 모습을 보여 협상의 우위를 점하려고 했습니다.

당시 일본의 전권대사인 구로다 기요타카(黒田清隆, 1840~1900)는 협상을 위해 두 개 대대를 추가로 보내줄 것을 자국 정부에 요청했습니다. 하지만 일본 정부의 태정대신이었던 산조 사네토미(三条実美, 1837~1891)는 이를 거절합니다. 사실상 구로다가 이른바 '쇼'에 가까운 행위를 한 것은 당시 조선과 국교 재개 및 개항이 필요했다는 것을 잘 보여줍니다.

저들과 대화한 반향(半餉, 한 끼 먹을 정도의 짧은 시간—인용자) 동안 세계에 회답하는 일과 조약 책자의 일을 즉시 품달(稟達)해서 다시 알려주겠다고 거듭해서 말했다. 그러자 그가 "일이 뜻대로 되지 않으면 장차 수만 명의 군대가 상륙하는 폐해가 생길 것이다. 미리 잘 헤아려서 양국이 우호를 잃는 지경에 이르지 않게 하라"고 말했다. 은연중에 공혁(恐嚇, 공갈—인용자)하는 말이 있어서 지극히 분완(憤惋)했다. 대체로 이 몇 건

전쟁으로 보는 한국 근대사

의 일들이 공혁이라는 두 글자의 말로 결정될 것에 지나지 않는데도 구구절절 말하면서 그치질 않으니 저들의 습속이 이와 같다.

강화도조약 체결 당시 협상에 참가한 신헌(申櫶, 1810~1884)의 『심행일기(沁行日記)』를 살펴보면, 조선 측 역시 일본의 행동에 실체가 없다는 것을 잘 알고 있었습니다. 그렇기 때문에 일본의 행위를 공갈이라고 표현했죠. 그럼에도 조선이 강화도조약 체결에 응한 것은 일본과 국교를 재개하고 개항하는 것이 어느 정도 필요했기 때문입니다.

강화도조약은 불평등 조약인가

강화도조약의 특징을 가장 잘 보여주는 것은 1관의 내용입니다. 일본이 협상 과정에서 제시한 내용은 다음과 같습니다.

조선국은 자주지방(自主之邦)으로서 일본국과 평등지권(平等之權)을 보유한다. 이후로 양국이 화친의 실제를 표시하고자 한다면, 반드시 피차 서로 평등지례(平等之禮)로 접대해서 추호라도 침월(侵越)이나 시혐(猜嫌)이 있어선 안 된다. 우선 종전에 교정(交情)을 조색(阻塞)하는 근심이 있던 제반 예규를 일체 혁제(革除)하고 관유홍통(寬裕弘通)한 법을 널리

열어서 상호 영원한 안녕을 기약하는 데 진력한다.*

이를 보면 조선이 '자주지방'이라는 내용을 명시적으로 확인할 수 있습니다. 특히 이전에 일본과 국교 재개를 반대한 주요 원인 중 하나가 조선과 청의 관계라는 점을 고려한다면 일본으로서는 중요한 진척이라고 할 수 있었죠.

조약 체결 과정을 좀더 구체적으로 살펴보겠습니다. 일본은 총 13개 항목의 조약 원안을 조선에 제시했는데, 이것은 구로다가 일본을 떠날 때 일본 태정대신에게 받은 지침을 중심으로 작성한 것이었습니다. 일본은 구로다에게 반드시 관철해야 하는 조건으로 세 가지를 제시했습니다. 첫째는 부산 이외에 강화도를 개항할 것, 둘째는 조선 연해의 자유로운 항해가 가능하도록 할 것, 마지막은 운요호 사건에 대한 사죄를 포함할 것이었죠.

이에 조선은 앞에서 설명한 1관을 비롯해 3, 6, 7, 8, 9, 13관에 대해서는 별다른 이의를 제기하지 않았는데요. 반면 외교 사절과 관련된 것을 비롯해 개항에 대해서는 적극적인 의사를 보였습니다. 개항 장소를 선정하는 과정에서 처음에 조선 정부는 군산이나 목포를 제안했습니다. 부산 초량에 왜관이 설치되어 있는 상황에서 군산과 목포는 조선 남부에 있어 일본에게는 전략적 활용도가 떨어졌죠. 그래

* 신헌, 『심행일기: 조선이 기록한 강화도조약』, 김종학 옮김, 푸른역사, 2010, 133쪽.

전쟁으로 보는 한국 근대사

서 일본은 영흥만을 강력하게 주장했지만 조선은 단호히 거부했습니다. 일본은 반드시 한양과 인접한 곳이어야 한다고 주장했지만 조선 정부는 여러 이유로 허락하지 않은 것입니다. 이처럼 개항 장소를 선정하는 문제에서 조선이 주도적으로 협상을 진행했다고 할 수 있습니다.

강화도조약의 불평등성을 가장 잘 드러내는 내용으로 치외법권이 꼽힙니다. 분명 조약 체결 이후 일본은 치외법권을 조선 침탈에 적극적으로 활용했죠. 다만, 이것은 조금 다르게 접근할 필요가 있습니다. 특히 조선이 국제법에 무지해 치외법권을 받아들였다는 식의 평가는 더욱 조심해야 합니다. 이후 조선 정부의 통치력이 약해지고 외세의 침탈이 본격화되는 과정에서 변화된 것은 분명합니다. 다만 그 시점을 조약 체결 과정부터 소급해 적용하는 것은 무리가 있습니다. 이를 위해서는 치외법권을 구체적으로 살펴봐야 하죠. 강화도조약에서 이와 관련된 조항은 10관인데, 일본이 제시한 원안은 다음과 같습니다.

일본국 인민이 재류하는 조선국 지정 항구에서 조선국 인민과 관계된 죄과(罪科)를 범하면 일본국 관원의 심단(審斷)에 귀속시켜야 하며, 만약 조선국 인민이 일본국 인민과 관계된 죄과를 범하면 똑같이 조선국 관원의 사판(査辦)에 귀속시킨다. 각각 그 국률(國律)에 근거해서 재판하되 추호도 회호(回護)나 편파(偏頗)가 없이 해서 공평함과 윤당함을 드러내기 위해 노력힌다.

조선은 다음과 같이 답변합니다.

피아 인민이 범죄를 저지르면 각자 피아 관리가 있으니, 바로 그 자리에서 회동해서 사판(査辦)하고 법률을 적용하는 것이 더욱 명백한 상부(相孚)의 방도가 된다.

최종 합의된 문안은 다음과 같습니다.

일본국 인민이 조선국이 지정한 각 항구에서 죄를 범했을 경우 조선국에 교섭하여 인민은 모두 일본국에 돌려보내 심리하여 판결하고, 조선국 인민이 죄를 범했을 경우 일본국에 교섭하여 인민은 모두 조선 관청에 넘겨 조사 판결하되 각각 그 나라의 법률에 근거하여 심문하고 판결하며, 조금이라도 엄호하거나 비호함이 없이 공평하고 정당하게 처리한다.

여기서 전제하고 있는 것은 '조선국이 지정한 각 항구'로 장소를 한정했다는 것입니다. 그렇다면 두 가지를 살펴볼 필요가 있습니다. 첫째는 이미 일본에 개항한 부산 초량 왜관에서 어떻게 대응하고 있었는가 하는 점입니다. 이것은 선례라는 측면에서 매우 중요한 의미가 있습니다. 둘째는 이러한 조항을 적용할 공간, 즉 개항한 항구의

초량왜관도.
출처: 국립중앙박물관.

지정과 그 설치에 대한 것입니다.

당시 부산 초량 왜관에 거주하는 일본인에 대해서는 원칙적으로 속인주의적 원리에 따라 형사관할권을 적용하고 있었습니다. 예를 들면 당시 왜관의 일본인 남자와 조선인 여자 간에 교간이 발각되면 조선 정부는 조선인에 대해서는 효시했지만 일본인은 대마도로 추방한 다음 대마도에 동등한 처벌을 요구하는 데 그쳤습니다. 둘째로 개항 항구의 지정과 설치에 대해서는 앞에서 설명한 것처럼 조선의 요구가 상당 부분 반영되었습니다.

이어서 주의 깊게 살펴봐야 하는 것은 12관의 '최혜국 대우'와 관련한 것입니다. 이에 대해 일본의 원안과 조선의 수정안을 살펴보면 다음과 같습니다.

(일본 원안)

일본국은 예전부터 외국 인민에게 각 항구에서 통상하는 것을 들어주었고, 조선국 인민에게도 똑같이 타국과 다를 바 없이 왕래하고 무역하는 것을 허락했다. 이후 조선국이 타국과 통호(通好)해서 화약(和約)을 의립(議立)할 때, 만약 이 조약 내에 기재되어 있지 않은데 별도로 타국에 허락하는 조건이 있다면, 일본국 또한 그 특전을 동일하게 획득한다.

(조선 수정안)

우리나라는 본래 타국과 상통(相通)하지 않으나, 오직 일본만은 인의(隣

誼)로 우호(友好)한 것이 오래됐다. 어찌 다른 나라와 통호(通好)하고 입약하는 등의 일이 있겠는가? 이는 본디 거론할 필요가 없다. 이것으로 명백하게 답하는 것이 좋을 것이다.

일본의 '최혜국 대우' 요구에 조선은 오직 일본과 '인의(隣誼)와 우호(友好)'로 국교 재개를 했으나, 다른 나라와는 그럴 의도가 전혀 없다는 이유로 '거론할 필요가 없다'고 분명하게 선을 긋습니다. 당시 조선 정부가 조선인의 국외 거주를 고려하지 않았다고 보는 것이 더욱 정확할 것입니다. 그렇기 때문에 치외법권 역시 기존 관례를 그대로 적용하는 것에 중심을 두고 있었다고 이해하는 것이 당시 상황에 더 가깝다고 생각할 수 있습니다. 이것은 당시 대외 관계에 있어 조선이 여전히 주도권을 갖고 있다는 것을 잘 보여줍니다.

우리가 강화도조약을 일본의 강압에 의해 맺은 일방적 조약이자 일종의 굴욕이라고 이야기하지만, 사실은 그렇지 않습니다. 다만 우리에게 완벽한 조건이 아니었을 뿐입니다. 외국은 조선에 대한 정보가 별로 없었습니다. 특히 군사 정보에 있어서는 프랑스와 미국이 완전히 오판해서 실제로 조선과 부딪친 뒤에야 파악했습니다. 하지만 조선과 일본의 정보 대칭성이 무너지고 군사적 균형추가 기울기 시작한 시점은 1880년대 이후입니다. 여기에는 조선뿐 아니라 청의 책임도 크게 작동합니다.

양면전쟁과
조선

청불전쟁

중국을 둘러싸고 요동치는 국제 정세

19세기 후반 서구 열강은 동북아시아에서 얼마나 완벽한 우위를 차지하고 있었을까요? 1870년대까지 청은 양무운동을 비롯해 적극적인 군사력 강화 정책을 취했고, 이홍장(李鴻章, 1823~1901)이 이끄는 북양함대는 그 상징과도 같았습니다. 청은 점차 서구 열강이 두려워하는 존재로 급부상합니다. 이때 청과 프랑스가 베트남의 종주권을 두고 전쟁을 합니다. 프랑스는 일본을 끌어들여 청을 양면전쟁으로 몰아넣을 계획을 하고, 조선은 이 계획의 중심에 자리하고 있었습니다. 청과 프랑스 간의 전쟁, 즉 청불전쟁을 통해 거대한 국제 정세의 변화 속에서 요동치는 조선의 운명을 살펴보겠습니다.

청과 프랑스의 전쟁은 먼 곳에서 벌어졌어도 우리나라의 역사에 매우 중요한 영향을 끼칩니다. 인도차이나반도를 중심으로 벌어진 청불전쟁은 현재까지 영향을 미치고 있는데요. 지금 베트남과 중국의 경계를 짓는 분기점이 되었기 때문이죠. 여기서 군사전략적으로, 특히 현대 전쟁에서도 매우 중요한 내용이 나옵니다. 『손자병법』에 나오는 전술로, 두 차례의 세계대전뿐만 아니라 지금까지 일어난 거의 모든 전쟁에서 이를 통해 승리하려고 노력했다고 봐도 무방할 정도입니다. 바로 전쟁 상대가 전력을 온전히 집중하지 못하게 하는 것입니다. 이를테면 상대가 여럿과 동시에 싸우게 만들죠. 이렇게 되면 당연히 상대는 전력을 한 곳에만 집중할 수 없고, 반대로 나는

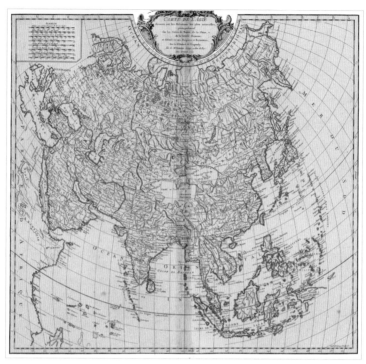

프랑스의 왕실 지리학자 보곤디의 『세계지도첩』에 수록된 아시아 지도.
출처: 동북아역사넷.

적에게 온 전력을 집중할 수 있습니다.

동시에 두 곳에서 싸우는 전쟁을 양면전쟁이라고 합니다. 이 양면전쟁에서는 전력이 양분된다는 측면에서 지금 전 세계 국방비의 절반 이상을 쓰고 있는 초강대국 미국조차 승리를 장담하기 어렵습니다. 따라서 당시에도 프랑스는 중국이 여러 적과 상대하는 상황을 만들고자 했습니다. 비록 중국이 전력을 강화하고 자국 국경 인근에서 전투를 했다는 이점이 있지만, 전력이 분산된 전쟁에서는 승산이 낮을 수밖에 없죠. 청불전쟁은 그런 양면전쟁의 양상이 선명하게 드러난 전쟁이었는데, 그 중심에 조선이 있었습니다.

아편전쟁(1840)에서 시작해 운요호 사건(1875)까지, 1870년대 서구 열강이 과연 동북아시아에서, 특히 청과 조선과 일본을 상대로 완벽한 우위를 차지하고 있었을까요? 흔히 서세동점이라고 이야기하지만 마냥 그렇게만 볼 수 있는 것은 아닙니다. 아편전쟁 때 청이 영국에게 진 것은 분명 사실이고, 정치적 목적이나 군사적 목적에서 영국은 자국이 원하는 것들을 얻어냈습니다. 여기서 한 가지 간과한 것은, 과연 청의 위정자가 가장 중요하게 생각하고 있었던 것이 무엇이었냐는 것입니다. 이를테면, 지금 해야 하는 일이 두 가지가 있는데 하나가 매우 절박하다면 다른 하나는 부차적인 문제일 수밖에 없습니다. 마찬가지로 당시 청의 위정자에게 가장 절박한 것은 무엇이었을까요?

당시 청에게 가장 중요한 문제는 내부의 갈등이었습니다. 특히 한족과 후이족(回族) 등 여러 민족 간에 갈등이 심각해지고 있었죠. 이 내부 문제는 백련교도의 난을 거치면서 중국 주변 지역에서 어느 순간부터 폭발적으로 터져나오기 시작했습니다. 그럼에도 민족에 대한 차별이 만연했고, 이에 따른 다양한 사회 모순이 도사리고 있었습니다. 2차 아편전쟁 때는 이 상황이 더 심각해집니다. 1850년대

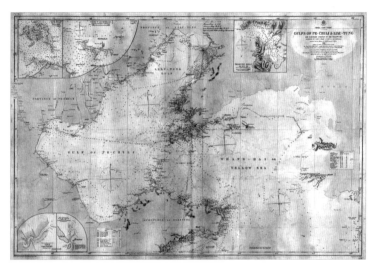

2차 아편전쟁 당시 영국 해군의 발해만 제해권 장악.
출처: 위키피디아.

청은 우리가 잘 알고 있는 태평천국의 난 때문에 대외 문제에 신경
쓸 수 있는 상황이 아니었고, 영국을 비롯한 서구 열강 역시 이런 중
국의 상황을 잘 알고 있었습니다. 2차 아편전쟁은 이러한 중국의 상
황을 노린 것이라고 할 수 있습니다. 그런데 의외의 일이 벌어집니다.

2차 아편전쟁 중 영불연합군이 광저우를 점령하고 청에게 조약
체결을 강요하지만, 청은 이를 거부합니다. 1858년 영불연합군은 조
약 체결을 강요하기 위해 함대를 이끌고 북상하여 발해만의 톈진에
상륙했습니다. 결국 청은 톈진조약을 체결하지만 청이 이를 다시 거
부하면서 전투가 재개됩니다. 영불연합군은 1859년 6월 다시 톈진

전쟁으로 보는 한국 근대사

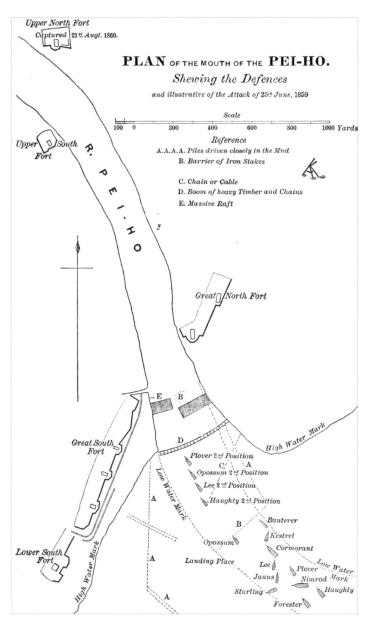

2차 아편전쟁 중 2차 다구포대 전투.
출처: S. Wells Williams, *The Middle Kingdom*(1900).

을 향해 이동했고, 여기서 다구포대를 공격합니다. 1858년 공격 때도 성공적으로 다구포대를 무력화시키고 점령할 수 있었기 때문입니다. 영국 등은 이번에도 이변이 없을 것이라고 생각합니다.

하지만 다구포대의 반격으로 영국 함대가 치명적인 피해를 받고 군함이 침몰하면서 서구 열강의 예상은 깨지게 됩니다. 영불연합군 측에서 수백 명의 사상자가 발생했고, 심지어 영국 함대의 기함까지 침몰했습니다. 이 과정에서 미 군함이 중립 의무를 위반하고 영불연합군을 지원하는 상황까지 이르게 됩니다. 이 패배를 서구 언론은 영국군이 전멸에 가까운 피해를 입고, 영국의 위상에 치명적인 상처를 남긴 '1842년 카불 후퇴'에 비유하기도 했습니다. 물론 이후 영불연합군은 다구포대에 대한 직접 공격을 피하고, 다구포대에 몇 배에 이르는 병력을 투입하여 점령했죠. 청은 결국 굴복하지만 무기를 근대화하면 다구포대의 승리가 재현될 수 있다는 사실 역시 확인하게 됩니다. 여기에 중국 내부 문제가 점차 진정되기 시작합니다.

청에서 주요 문제로 여겼던 민족 문제는 결국 후이족의 반란으로 이어졌습니다. 이에 대해 청은 단지 힘으로 누를 뿐 제대로 해결하지 못하고 있었습니다. 하지만 문제는 점차 더 심각해졌고, 청의 위정자는 이러한 문제가 자신들의 안위에 더 큰 위협이라고 판단하여 한족과 후이족 간의 갈등을 이용합니다. 야쿱 벡(Yaqub Beg, 1820~1877)의 반란 등에는 좌종당(左宗棠, 1812~1885) 등을 투입해 신속하게 해결하고자 했습니다. 이때 청은 무려 70만 명이 넘는 병력을

전쟁으로 보는 한국 근대사

투입했죠. 그렇기 때문에 이러한 문제를 조속히 해결하려면 청은 영국과의 전쟁을 마무리할 필요가 있었습니다.

이홍장과 청불전쟁

원래 청군은 만주족을 중심으로 편성되어 있었습니다. 이들을 팔기군(八旗軍)이라고 부릅니다. 그런데 팔기군만으로는 점차 대내외 위협에 대처할 수 없는 상황에 이르게 됩니다. 그래서 한족을 중심으로 군대를 편성했고, 이들이 점차 청군의 주력으로 자리매김합니다. 이들 한족의 중심에 있던 것이 신사(紳士)입니다. 이때 우리가 많이 아는 사람이 등장합니다. 한족임에도 청조에서 높은 관직에 오른 이홍장입니다.

태평천국의 난과 염군의 난을 진압하는 과정에서 청의 주력이라 할 수 있는 팔기군은 별다른 역할을 하지 못했습니다. 이 때문에 중국 각 지역에서는 지방 유력자를 중심으로 '향용'을 조직했죠. 이때 두각을 나타낸 대표적인 인물이 증국번(曾國藩, 1811~1872)입니다. 그는 고향인 후난성에서 향용을 중심으로 군대를 조직해 태평천국 군대에 대항했습니다. 증국번의 군대는 '상군(湘軍)'이라 불렸고, 상군은 태평천국군과의 전투에서 청의 정규군을 대신해 주요 전력으로 자리 잡았습니다. 이 과정에서 증국번은 예하에 있던 이홍장을 고향인 안후이성에 보내 마찬가지로 향용을 중심으로 군대를 편성하도록 했습니다.

이홍장이 안후이성에서 조직한 군대는 화이허강(淮水) 유역에 자리해 '회군(淮軍)'이라고 불렸습니다. 안후이성은 지리적으로 상하이에 인접하여 상하이를 통해 많은 무기를 공급받을 수 있었죠. 이후 이홍장이 이끄는 회군은 '상승군'이라고 불리는 서양 용병과 함께 태평천국의 난과 염군의 난을 진압하는 과정에서 중요한 역할을 합니다. 이홍장은 만주족이 아니었지만, 이 공로로 우리나라와도 밀접한 관계가 있는 직례(直隸) 총독에 임명되어, 거기서 중요한 역할을 수행합니다.

당시 이홍장은 군대를 양성하는 데 집중했습니다. 그 군대가 우리도 잘 아는 북양함대와 북양군입니다. 서구 열강의 무기와 군함을 사들여 북양군과 함대를 무장했습니다. 이 군대는 청의 정규군이었지만, 사실상 이홍장의 군대라고도 할 수 있었습니다. 여기에 북양함대는 당시 세계 8위로 알려질 정도로 규모도 엄청납니다. 특히 영국이나 서구 열강은 지구 반대편까지 군대를 보내기가 어려웠기 때문에, 이홍장이 양성한 북양함대는 이 지역에서 강력한 영향력을 발휘했습니다. 북양군 역시 서구 열강의 무기를 들고 서구식 훈련을 받으면서 그 전력이 매우 강력하다는 평가를 받습니다. 특히 이홍장이 세운 기기창은 양무운동의 핵심이라고 할 수 있는 무기 생산의 중심지가 되었습니다. 그중 한 곳인 톈진 기기국에 고종(高宗, 1852~1919)은 당시 수십 명의 학생을 보내 무기 생산 기술을 배우도록 하기도 했었죠. 여기서 무기가 대규모로 생산되었는데, 그중 대표적인 것이 독일 마우저 소총(게베어 88)을 라이선스한 한양 88입니다. 여기서 만든 총이 나중에 6·25 전쟁 때도 사용되었습니다.

핵심은 역시 이홍장입니다. 1865년 이홍장은 양광 총독에 부임한 이후 적극적으로 근대적 무기 체계 도입에 나섰습니다. 그중에는 군함과 무기도 있었지만, 전신 등 통신산업 역시 포함되었습니다. 중국 최초의 전신선이 톈진과 다구 사이에 설치되었고, 1881년에는 상하이에서 톈진까지 연결되었죠. 이후 주요 항구와 도시까지 전신망을 확충했습니다. 이로써 이홍장은 중국 전역의 정보를 사실상 장악할 수 있었습니다. 중국 각지에서 보낸 정보는 톈진에서 이홍장을 거쳐 베이징으로 들어갔습니다. 예를 들어 청이 베트남 종주권을 두고 프랑스와 전쟁을 할 때도 주요 군사 보고를 비롯해 각종 전황 보고까지 이홍장을 거쳤습니다. 이홍장은 이를 적절히 이용해 프랑스와 협상하려고 했습니다.

이홍장은 청불전쟁 초 프랑스와 단독으로 협상하여 강화 조약을 맺었습니다. 그런데 문제가 발생했습니다. 청 내부에서 프랑스와 강화에 반대하는 주전론자들이 득세한 것입니다. 그들은 실제로 병력을 이끌고 프랑스와 전쟁을 벌이기 시작했죠. 이때 등장한 이들이 유영복(劉永福, 1837~1917)이 이끄는 흑기군(黑旗軍)입니다. 사실 흑기군은 태평천국 군대의 잔당으로 베트남 북부에 머물고 있었는데, 이들이 게릴라전 형태로 프랑스를 공격하기 시작했습니다. 여기에 프랑스군은 진남관 전투에서 심각한 패배를 당한 이후 이른바 '랑선 퇴각'을 했으며, 이 과정에서 프랑스군은 2개 연대 이상이 치명적인 피해를 입었습니다. 그것도 이미 은퇴했다가 복귀한 60세의 노장 풍자재(馮子材, 1818~1903)에게 패배한 것입니다. 프랑스 육군은 계속 청군에 밀리기 시작합니다.

다급해진 프랑스는 랑선 퇴각을 전후하여 다른 대안을 모색하였고, 이 과정에서 타이완을 공격했습니다. 만약 프랑스가 타이완을 점령한다면, 지룽의 석탄지대를 이용해 함대를 보다 자유롭게 운용할 수 있었죠. 일본뿐 아니라 미국도 탐낼 정도로 포모사(Formosa, 당시 서구에서 타이완을 부르던 별칭)는 중요한 전략적 거점이었고, 지룽의 석탄지대는 그중에서도 핵심이었습니다. 이런 전략적 판단에 따라 프랑스는 타이완을 공격해 점령했습니다. 프랑스는 다시 청나라에 협상을 강요했지만, 청은 이에 별다른 움직임을 보이지 않았습니다. 이때 청은 타이완에 대해 '화외(化外)', 즉 청나라 땅이지만 이민족이 사는 곳이라 부르며 프랑스의 타이완 공격에 큰 의미를 두지 않았죠.

이때 급해진 사람이 있었는데, 바로 이홍장입니다. 애초에 프랑스와 단독 협상한 것도 있었지만, 지금까지 구축한 북양함대를 비롯한 휘하 전력이 투입될 수도 있었기 때문입니다. 이홍장이 다시 프랑스와 협상을 주도했지만 여의치 않았죠. 프랑스 역시 이홍장만 믿고 있을 상황이 아니었고, 프랑스군의 승리를 기대하기도 어려웠습니다. 베트남 쪽의 전황이 프랑스에 불리해서 자칫 군사적인 굴욕까지

당할 수 있기 때문입니다. 프랑스는 결국 당시 아시아에서 가장 서방 국가에 협력적인 나라에 손을 내미는데, 바로 일본입니다. 프랑스는 일본을 교두보로 청의 또 다른 분쟁 지역을 만들려고 한 것입니다.

일본에 손을 내민 프랑스

일본은 막부 시절부터 군사력을 강화했습니다. 우리나라도 흥선 대원군 때 군사력을 강화했던 것과 마찬가지입니다. 이때부터 일본과 밀접한 관계를 맺고 있던 서구 열강이 바로 프랑스입니다. 그래서 일 본과 프랑스는 오랜 기간 군사적 교류를 하고 있었습니다. 일본 육군 은 여러 군사 기술, 그중에서도 특히 포병 기술을 프랑스로부터 많이 배웠습니다. 당연히 일본에 프랑스의 포병 교관들도 많았습니다.

프랑스는 일본에 중국의 주의를 분산시켜달라는 제안을 했습니 다. 그 핵심은 한반도에서 또 다른 전쟁을 일으켜달라는 것입니다. 또 다른 지역에서 전쟁이 일어나면 청의 전력이 분산될 수밖에 없습 니다. 실제로 청은 베트남 전선에 전력을 집중하기 위해 조선에 주 둔했던 병력의 절반을 베트남에 투입하기도 했었죠. 이렇게 되면 아 편전쟁 당시 영국이 중국 내부 문제 덕에 손쉽게 청나라를 굴복시켰 던 것을 자신들도 재현할 수 있다고 생각한 것입니다.

프랑스는 일본이 한반도에서 분란을 일으켜주길 바랐고, 그렇게 되면 현재 베트남에서 맞붙고 있는 청과의 전쟁에서 승산이 있을 것이라고 생각합니다. 그 대가로 프랑스는 일본에 조약의 개정, 무기 공급, 심지어 기술 이전까지 제안합니다. 우리는 흔히 일본이 언제나 정한론(征韓論)만을 생각하고 있었던 것처럼 여기곤 하지만, 당시 메이지 정부의 최우선 목표는 정한이 아니었습니다. 일본 메이지 정부가 더 중요하게 생각한 것은 조약의 개정이었죠. 일본은 개국 이후 서구 열강과 맺은 각종 조약을 불평등 조약이라고 평가하고, 그것을 개정하기 위해 많은 노력을 했습니다. 1870년대에 이와쿠라사절단(岩倉使節団, 1871~1873)이 서구 열강을 순회한 주요 목적 중 하나도 조약 개정입니다. 당시 일본 정부는 요인 중 상당수가 궐석이어서 유수정부(留守政府)라고 불리기도 했죠. 그런데 프랑스가 알아서 조약을 개정해주겠다고 한 것입니다. 심지어 여기에 일본 육군뿐 아니라 일본 해군에서 그렇게 요구하던 최신 군사 기술과 항구 건설 그리고 기술 이전까지 해주겠다고 했습니다. 일본은 여기서 과연 어떤 선택을 내려야 할지 고민에 빠졌습니다.

당시 일본 메이지 정부는 그렇게 안정적인 정권이 아니었습니다. 결정적으로 메이지 정부가 완벽하게 각 지방을 장악한 상태도 아니어서, 무언가를 원한다고 그것을 할 수 있는 상황은 아니었습니다. 조약 개정을 위해 이와쿠라사절단이 유럽에 갔고 반란까지 일어난 이런 상황에서 일본 정부는 어떻게 해야 자신들이 원하는 내용을 제대로 관철할 수 있을까 고민했습니다. 특히 프랑스를 상대로 받아

낼 수 있는 것은 다 받아내고 해줄 수 있는 것은 최소화하는 방법을 찾으려고 했죠. 이를 위해 일본은 조선을 활용합니다.

개화파는 국제 정세를 어떻게 보았는가

19세기 말 조선 역시 발전을 위해 많은 노력을 했습니다. 하지만 이러한 발전을 위해서는 당연히 많은 돈이 필요했죠. 돈이라는 것은 필요한 만큼 찍어낸다고 되는 것이 아닙니다. 자칫 인플레로 이어지면 제 가치를 인정받지 못할 수 있는데, 이미 조선은 당백전을 비롯해 이러한 경험을 갖고 있었습니다. 따라서 화폐가 제 가치를 유지하기 위해 해외에서 차관의 형태로 돈을 마련해야 했습니다.

일본 입장에서 프랑스와의 조약 개정은 이후 다른 서구 열강과 조약 개정 협상에서 중요한 선례가 될 수 있었습니다. 여기에 프랑스군의 앞선 기술을 이전받을 수 있다면, 일본군이 한층 더 도약할 기회를 얻는 것이기도 했습니다. 이때 일본 내에 프랑스의 지원 요청에 동의하는 세력이 등장합니다. 일본은 이를 조선에서 모의했죠. 특히 일본과 관계가 깊은 이들을 중심으로 접근하기 시작했습니다.

당시 조선에서도 이를 기회로 보는 사람들이 있었는데, 바로 김옥균(金玉均, 1851~1894) 등의 개화파입니다. 김옥균이 과연 국제 정세를 얼마나 파악했는지 분명하지 않지만 그가 필요로 했던 것이 무

민영익 일행이 갑신정변 직전에 촬영한 사진.
출처: 독립기념관.

엇인지는 분명했죠. 당시 조선이 근대화하고 발전하기 위해서는 자본이 필요했고, 이 자본을 구하기 위해서는 다른 국가의 도움이 절실했습니다. 쉽게 생각하면 돈을 빌리기 위한 담보가 필요했죠. 김옥균 등은 이를 위해 다양한 시도를 했습니다. 그중에는 울릉도의 목재를 팔아 자본을 마련하자는 계획도 있었는데, 하지만 이마저도 쉽지 않았죠. 김옥균은 차관을 빌리기 위해 미국이나 일본에 있는 기업가나 은행가까지 염두에 두고 있었고, 이 역시 쉽지 않았습니다. 결국 그는 고종이 자신을 신뢰한다는 것을 담보로 차관을 요청했지만 그마저도 별다른 성과를 거두지 못했습니다. 당시 그들은 김옥균이 제시하는 것이 사실상 소용없다는 것을 알고 있었습니다. 그러다 보니 점차 그 가능성이 멀어졌고, 그렇다면 가장 확실한 방법은 정권을 잡는 것이었습니다. 정권을 완벽하게 장악해 원하는 세상을 만들고자 한 것입니다.

김옥균 등 개화파는 요동치기 시작하는 국제 정세의 변화에 자신들도 올라탈 수 있다고 생각했습니다. 이들 개화파, 특히 갑신정변을 주도한 개화파가 국제 정세를 얼마나 알고 있었고, 국제 정세의 변화 속에서 어떤 이득을 어떻게 취할 수 있다고 생각했는지는 분명하지 않습니다. 그럼에도 그들은 나름대로 국제 정세 속에서 자신들이 꿈꾸는 목적을 달성하기 위해 무엇을 해야 하는지 판단했습니다. 이러한 판단 속에서 어떠한 형태로 국제 정세의 톱니바퀴 속에 끼어들어야 어긋나지 않고 원활하게 맞물려 돌아갈 수 있을지 충분히 고려했을 것입니다. 이 이상을 위해 움직이던 그들에게 일본의 유혹이 다가옵니다. 이것이 우리가 흔히 '삼일천하'라고 부르는 갑신정변의 계기가 됩니다.

일본은 김옥균 등에게 지원을 약속하고 실제 군대를 동원합니다. 물론 그 과정에서 청은 김옥균 등이 예상한 것 이상으로 신속하고 강력하게 개입했죠. 오히려 발을 뺀 건 일본이었습니다. 일본은 너무나도 손쉽고 너무나도 빠르게 마치 없었던 일처럼 김옥균 등을 외면합니다. 이 때문에 갑신정변은 더 이상 지속되기 어려웠습니다.

결국 프랑스의 시도 역시 일본의 손절로 시도에만 그치게 됩니다.

청불전쟁을 통해 현재의 베트남과 중국의 국경선이 만들어집니다. 그 결과는 프랑스에게 너무나도 치욕이었죠. 쥘 페리 정권이 실각하고, 프랑스는 아시아에서의 영향력을 잃게 됩니다. 이 과정에서 또 다른 나라가 등장하기 시작하는데, 바로 러시아입니다. 그리고 독일과 미국이 다시 한번 숟가락을 얹으려고 하죠. 이제 중국을 중심으로 한 동북아시아 질서가 완전히 변하는 상황이 벌어지기 시작합니다.

청불전쟁은 청의 위상을 재평가하는 무대였습니다. 청은 러시아와 조약을 맺어 북방 쪽에 국경선을 확정했고, 프랑스와 청불전쟁을 벌여 베트남과 국경선을 확정했습니다. 여기에 타이완과 중국 동북 지역 등을 행정구역에 편입시켰습니다. 이제 중국 주변에 남아 있는 국가는 조선뿐이었죠. 청은 갑신정변 이후 조선에 병력을 증강하고 내정에 간섭했습니다. 이 과정에서 중국은 자국 중심의 질서를 다시 한번 보여줍니다. 이제 이것을 빌미로 일본은 군사력을 계속 강화하죠. 청은 북양함대를 동원해 이른바 '나가사키 사건'을 통해 전쟁 가능성을 들먹이며 일본을 압박합니다. 일본은 이를 굴욕이라고 주장하면서 대청 강경책을 지속적으로 추진합니다. 그런 일본을 유럽 국가를 포함해서 미국이 충동질하기 시작합니다. 이제 우리는 청일전쟁으로 접어들게 됩니다.

중국은
어쩌다
패배했는가

청일전쟁

4억 명의 중국, 서구 열강에 위협이 되다

청은 한때 그 위상이 무너지기도 했지만, 안팎의 문제를 봉합하면서 그 저력을 그대로 드러냅니다. 넓은 영토와 인구를 바탕으로 한 동북아시아 최고의 군사력을 과시했죠. 그러나 조선에 대한 영향력을 두고 벌어진 일본과의 전쟁에서 충격적인 패배를 경험하게 됩니다. 그렇다면 동북아시아 최강의 청이 일본에 패한 이유는 무엇이었을까요? 청일전쟁 당시 국제 정세와 전쟁의 승패를 좌우한 결정적 요인을 중심으로 새로운 시각에서 살펴보면 어쩌면 기존에 우리가 알고 있던 상식과는 다른 답이 나올 수 있습니다. 여기서는 청일전쟁에서 조선이 어떤 역할을 했는지, 청일전쟁을 통해 조선의 미래가 어떻게 바뀌게 되었는지 살펴보겠습니다.

흔히 아편전쟁 이후 청이 서구 열강에 굴복하고 영토가 분할된 것처럼 이해하고 있지만, 사실 그것은 반은 맞고 반은 틀렸다고 할 수 있습니다. 맞는 점은, 분명 청이 서구 열강의 우위를 어떠한 형태로든 경험했다는 것입니다. 그것이 비록 해상전에 한정되었다고는 하지만, 청은 세계 제국으로서 무소불위의 위상을 더 이상 지속하기 어렵다는 점을 분명히 자각하게 되었습니다. 그 결과 흥선대원군 시기 우리의 군비 강화에 중요한 영향을 끼쳤다고 알려진 『해국도지(海國圖志)』같은 책이 발간되기에 이릅니다.

반면 우리는 아편전쟁 직후부터 서구 열강이 청의 영토를 분할했다고 잘못 알고 있죠. 서구 열강이 청의 영토를 피자 조각 자르듯 자르는 삽화는 아편전쟁이 끝나고 약 60여 년 후인 1898년에 그린 그림입니다. 즉 아편전쟁의 영향으로 보기는 어렵습니다. 이 삽화에 보다 직접적인 영향을 준 것은 그 직전에 있었던 청일전쟁입니다. 이 전쟁에서 청이 패배하면서 서구 열강은 본격적으로 청의 영토를 사실상 분할에 가까운 형태로 잠식하기 시작합니다. 그런데 어찌 된 일인지 우리는 아편전쟁 직후부터 청의 영토가 서구 열강에 의해 마구잡이로 분할된 것처럼 이해하고 있습니다.

아편전쟁 직후에도 영국을 비롯한 서구 열강은 청을 견제하는 한편 중국인을 붙잡기 위해 다양한 노력을 했습니다. 이러한 분위기는 당시 서구 언론에서 중국을 묘사하는 '4억 명의 중국인'이라는 단어를 통해 쉽게 이해할 수 있죠. 사실상 중국인만 사로잡을 수 있다면 엄청난 시장을 확보할 수 있었고, 그곳에서 큰돈을 벌 수 있었습니다. 어떻게 보면 유럽보다 큰 시장입니다

유럽 사회는 산업혁명으로 눈부신 발전을 거뒀지만, 19세기 중반부터 대략 10년 단위로 경제 공황을 경험했습니다. 경제 공황의 원인은 다양했는데, 원인을 찾는 것보다 중요한 것은 경제 공황을 극복하는 방법입니다. 가장 대표적인 방법은 새로운 시장을 찾는 것입니다. 가장 적합한 곳은 이른바 '무주지(無主地)'라고 불리는 주인 없는 땅입니다. 무주지를 식민지로 삼으면 자원을 약탈하거나 물건을 판매할 수 있기 때문이죠. 서구 열강은 이러한 과정을 통해 발전을 유

전쟁으로 보는 한국 근대사

서구 열강의 중국 분할.
출처: *Le Petit Journal*(1898. 01. 16).

지할 수 있었습니다.

문제는 점차 그러한 시장을 찾기가 어려워졌다는 점입니다. 1890년대가 되면 사실상 그런 곳을 찾기 어려워졌고, 1900년대 초반 영국 지리학회에서는 전 세계에 무주지가 더는 남아 있지 않다고 선언할 정도로 이제 무주지를 통한 새로운 시장의 확보는 불가능해졌습니다. 서구 열강은 과학기술을 바탕으로 그전까지 들어가지 못하던 아프리카, 남아메리카, 오세아니아의 내륙까지 탐험이라는 이름 아래 점령하기 시작했죠. 그 절정은 1884년 콩고 분쟁이었습니다. 서구 열강은 마치 제로섬 게임에 빠진 것처럼 세계를 바라보기 시작했습니다.

서구 열강은 경쟁적으로 아프리카 내륙까지 진출했고, 이러한 경쟁은 각 지역에서 마찰로 이어졌습니다. 콩고강 어귀에 대한 포르투갈의 지배권 주장을 시작으로 극심한 대립이 시작되었는데요. 이때 독일의 비스마르크가 주도하여 베를린에서 이른바 '아프리카 분할'에 대한 회담이 열렸습니다. 즉 아프리카 내륙에서 서구 열강의 다툼이 본격화된 것입니다.

중국에서 서구 열강의 내륙 진출이 본격화된 것은 2차 아편전쟁이 끝난 이후였습니다. 하지만 여전히 한계가 있었죠. 중국의 내륙 진출은 주로 하천 등을 이용한 것이었고, 대표적인 것이 양쯔강을 통한 진출이었습니다. 이때 서구 열강의 주요 진출 수단은 전통적인 중국 배가 아닌 증기선이었죠. 잘 알려진 내용은 아니지만 병인양요 당시 프랑스 함대에는 케니클래스(Kenney class)가 2척 있었습니다. 이 2척은 포함으로 분류되는데 크기도 매우 작고, 탑승 인원 역시 40여 명에 불과했습니다. 당연히 배에 탑재한 무기 역시 매우 빈약합니다. 그런데 이러한 형태의 증기선이 등장한 이유가 있었죠. 다름 아니라 중국을 비롯해 아시아의 하천에서 운용하기 위한 것이었습니다. 이처럼 서구 열강은 마치 마른 수건에서 물을 짜내는 것처럼 시장을 확대하기 위해 다양한 방법을 모색했습니다. 중국의 하천에 적합한 포함을 건조해 중국 내륙까지 진출하려고 했던 것입니다. 이때 동북아시아에 아직 서구 열강이 진출하지 못한 나라가 있었는데, 바로 조선입니다.

조선을 물어뜯기 위해 준비하던 나라는 서구 열강만이 아니었습니다. 청과 일본 역시 마찬가지였죠. 청은 조선에 대한 종주권을 갖고 있다고 주장했고, 일본은 조선이 독립국이기 때문에 누구나 통상할 권리를 갖고 있다고 주장했습니다. 이러한 일본의 통상 요구를 뒤에서 부채질한 것이 서구 열강이었습니다. 이 때문에 조선의 운명은 이미 결정되었다고 생각하는 사람도 있습니다. 하지만 이러한 논리는 일본을 비롯해 다른 많은 국가 역시 마찬가지라고 생각했다는 점에서 심각한 문제가 있습니다. 특히 일본은 가능했는데, 왜 우리는 불가능했느냐는 질문에 결국 또 다른 외부적 요인을 찾을 수밖에 없습니다. 분명 외부적 요인이 불리한 것은 맞지만 이것만으로 당시의 모든 상황을 설명하기 힘듭니다. 이와 관련해 우리는 서세동점을 이야

서구의 반중국인 정서.
출처: 위키피디아.

기하지만, 그 반대 역시 존재했는데요. 이른바 '황색 공포'입니다.

　이것은 대내외 문제를 봉합한 청을 서구 열강 중 한 나라가 단독으로 압도하거나 우위를 점하기 어려워지면서 보다 구체화되었습니다. 결국 서구 열강은 상호 연합하거나, 일본을 끌어들였죠. 중국에 대한 경계는 다양한 형태로 나타났는데요, 중국인의 이동조차 그 대상이 되었습니다. 19세기 미국의 서부 개척이 본격화되면서 많은 중국 노동자가 미국으로 건너갔습니다. 흔히 '쿨리(coolie)'라고 불리는 이들은 남북전쟁 이후 흑인 노예를 대신해 미국으로 향했습니다.

쿨리가 전 세계 노동 수요, 좀 더 분명하게 표현하자면, 이른바 '노예' 노동력으로 운용되기 시작한 것은 영국을 비롯한 일부 국가들이 더 이상 아프리카에서 노예를 수입하지 못하도록 차단했기 때문입니다. 영국이 노예무역을 차단한 것은 명분상 인권적 측면이 이유가 되었지만, 실질적으로 영국의 산업자본에게는 노예보다 노동자가 필요했습니다. 하지만 미국 등은 여전히 목화 재배 등에 노예 노동이 필요했고, 이를 대체할 수 있는 노동력을 찾다가 발견한 곳이 바로 중국이었죠. 물론 자발적인 이주는 아니었고 많은 경우 인신매매였기 때문에, 사실상 또 다른 노예무역이라고 할 수 있었습니다.

미국에 이주한 쿨리는 주로 철도 부설 등 서부 개척 과정에서 중요한 역할을 했습니다. 그러다 1860년대 후반에 미 대륙의 동부와 서부를 연결하는 횡단 노선이 개통되었습니다. 그 이전까지 동부에서 서부로 가기 위해서는 배를 타고 남아메리카까지 지구를 반 바퀴 도는 여행을 하거나, 카리브해를 통과해 중남미를 거쳐 다시 배를 타고 서부 지역까지 올라오는 여행을 해야 했습니다. 미국 내륙을 통해 이동하는 것은 엄청난 위험이 도사리고 있어 쉽지 않은 길이었죠. 그런데 대륙 횡단철도가 개통하면서 손쉽게 동부에서 서부로 이동이 가능했고, 이 길을 따라 많은 사람이 서부로 이주하기 시작했습니다. 특히 아일랜드 대기근 이후 미국에 넘어와 있던 영국과 아일랜드 출신자들이 굉장히 많았죠.

미국 이민사를 살펴보면 몇 가지 변화가 있습니다. 아일랜드인은 기근 등을 피해 유럽에서 미국으로 이주해 시카고 등에 정착했죠. 이들과 함께 독일인과 이탈리아인 역시 미국으로 넘어왔습니다. 이때 이들이 들어오는 주된 경로는 뉴욕항이었는데, 부두에 누가 마중 나왔는가에 따라 이주민의 직업이 결정된다는 이야기가 있었습니다. 즉 먼저 미국에 이주해 자리 잡은 사람의 직업이 이후 중요한 영향을 끼쳤다는 의미입니다. 주로 이주민들은 출신 국가에 따라 분야를 장악하기 시작했고, 이것은 점차 경쟁으로 이어졌습니다. 인구가 많아지면서 경쟁이 격화되었고, 이들의 생활 역시 극히 열악해졌죠. 특히 남북전쟁 이후에는 값싼 흑인 노동력까지 유입되면서 이들의 일자리를 위협했습니다. 이러한 양상을 잘 보여주는 것이 바로 1871년 시카고 대화재입니다. 이 화재의 원인으로 아일랜드계 가톨릭교도가 지목되면서 많은 아일랜드인이 서부로 이주하기 시작했습니다. 이외에도 다양한 이유로 많은 사람이 새로운 꿈을 좇아 서부로 이주했고, 여기에는 '골드러시' 역시 한몫했습니다.

동부에 있던 사람들이 서부에 오면서 중국인은 점차 이들의 경쟁 상대가 되었습니다. 그래서 이주민들은 점차 중국인을 배척하기 시작했습니다. 이들이 가장 먼저 내세운 것은 '황화론' 같은 일종의 인종 정책이었는데, 즉 동양인이 백인 사회를 위협할 것이라는 주장이었죠. 한편에서는 '40년 주기설' 같은 허무맹랑한 주장도 등장했습니다. 즉 40년 이후가 되면 후손이 3대까지 태어나게 되고, 그때가 되면 중국인의 수가 네 배가 되어 미 서부가 중국인으로 가득 차게

전쟁으로 보는 한국 근대사

될 것이라는 주장입니다. 황화론은 그 근거와 논리 등이 사실상 터무니없었음에도 불구하고 백인 사이에서 광범위한 지지를 받았습니다. 미국 의회가 황화론을 배경으로 입법을 추진하기도 했고, 실제로 중국인 배척법이 통과되기도 했습니다. 이처럼 황화론이 확산된 배경에는 중국에 대한 경계와 공포가 있었습니다.

청의 성장과 나가사키 사건

일본은 해군을 강화하는 과정에서 주로 영국에 배를 수주했습니다. 반면 청은 영국이 아닌 독일에 배를 수주했습니다. 진원(鎭遠)과 정원(定遠)이라는 7,000톤이 넘는 철갑함 2척을 독일의 불칸조선소에 발주해 받았죠. 건조 당시 진원과 정원은 동북아시아에서 가장 큰 배였습니다. 이로써 1880년대 초반 동북아시아에서 가장 강력한 함대가 만들어집니다. 이홍장 휘하에 있는 북양함대가 그 주인공으로, 이 함대는 영국의 동북아시아 함대보다 강력했습니다.

청은 북양함대를 동원해 일본에서 무력시위를 한 적이 있습니다. 바로 나가사키 사건입니다. 사건은 단순하죠. 진원과 정원을 포함한 북양함대가 러시아를 견제하려고 우리나라 원산 앞에 있다가 돌아가는 길이었습니다. 청의 북양함대는 이때 일본을 경유했는데, 나가사키항에 잠시 정박했을 때 청 수병이 마음대로 상륙해 말 그대로 난동을 피웠습니다. 이 과정에서 이들과 일본 경찰이 충돌했고, 많은 사상자가 발생합니다.

청나라 수병의 잘못으로 일어난 사건이었고, 양측의 사상자 수도 비슷했습니다. 하지만 이홍장은 당시 일본 총리인 이토 히로부미에게 사과를 강요했고, 만약 사과하지 않으면 북양함대를 동원해 나가사키를 포격하고 전쟁까지 불사하겠다고 협박했죠. 그 결과 일본은 상당한 배상금을 지불하게 됩니다. 결정적으로 청의 요구로 일본은 경찰의 폐도령(廢刀令)까지 내립니다. 폐도령이란 칼을 사사로이 휴대하는 것을 금지한다는 명령입니다. 칼의 휴대까지 금지한 것은 상당한 굴욕이었죠. 이른바 '나가사키의 굴욕'입니다. 이 사건은 우리에겐 잘 알려지지 않았지만 일본 내부적으로는 엄청난 굴욕으로 받아들여졌고, 『언덕 위의 구름(坂の上の雲)』이라는 유명한 소설에 이 상황이 묘사되기도 했습니다. '나가사키의 굴욕'은 한편으로 미국에 큰 충격을 주었는데, 북양함대의 위력이 생각 외로 강하다는 것은 캘리포니아를 비롯해 서부 해안까지 영향을 미칠 수 있다는 것을 의미했기 때문입니다.

일본은 나가사키 사건을 통해 해군력의 중요성을 실감하고, 어떻게 하면 청의 위협을 극복할 것인가 고민했습니다. 실제로 청은 일본을 공격할 의사가 거의 없었는데도 일본은 그것을 부풀립니다. 청은 언제든 일본을 침략할 수 있고, 청의 군대가 언제든 상륙할 수 있다는 식으로 일본 언론에서 보도합니다. 이른바 대청 위협론이 자리

잡기 시작합니다.

청 역시 양무운동을 통해 나름대로 자강을 계획합니다. 이를 통해 청은 세계에서 가장 대표적인 무기 수입국이자 생산국이 됩니다. 이러한 청의 노력은 점차 현실화되어 각종 소총부터 군함까지 만들기 시작했습니다. 조선은 고민에 빠졌습니다. 청과 일본 중 어디와 협력해야 할지 고민하다 결국 많은 이들이 청을 선택했죠. 1882년 임오군란과 1884년 갑신정변 이후 조선의 대외 정책의 중심에는 청과의 관계가 있었습니다. 군사력 강화에 있어서도 조선은 청에서 무기를 도입하고, 청군의 지도하에 군대를 훈련시킵니다. 병기국 설립 역시 마찬가지였습니다.

하지만 청과 일본 간의 전쟁은 서구 열강에게도 그리 반가운 일은 아니었습니다. 특히 영국의 경우 청일전쟁 개전에 반대하면서 적극적으로 중재하고자 했습니다. 영국이 반대한 주요 이유는 동아시아의 기득권을 차지하고 있는 상황을 변화시킬 이유가 없었기 때문입니다. 오히려 이에 대한 불안 요인을 제거하는 것이 더욱 중요했습니다. 그런 측면에서 청의 군사적 성장 역시 문제가 있었지만, 이보다 더 심각한 것은 청일 간의 전쟁으로 자칫 영국이 기득권을 갖고 있는 동아시아 체제 자체가 혼란에 빠지는 것이었죠. 여기에 러시아까지 동아시아 상황에 개입하면서 영국의 상황은 더욱 복잡해졌습니다.

러시아는 청의 이홍장과 이른바 '1886년 톈진협약'을 구두로 체결하면서 한반도의 현상유지를 약속했습니다. 러시아로서는 아직 동북아시아에 함대를 비롯해 전력을 충분히 투입하지 않은 상황이었기 때문에 동북아시아에서 영국의 독점 체제를 견제할 필요가 있었습니다. 특히 영국의 거문도 점령(1885)은 중요한 의미가 있었죠. 이때 러시아는 청과 공조해 조선 문제에 대응했고, 결국 영국을 거문도에서 철수하게 함으로써 동아시아에서 영국의 체제에 대응할 수 있었습니다. 따라서 러시아는 동아시아 문제에 개입해 청과의 관계를 개선하고, 자국의 영향력을 확대해 영국을 견제한다는 복합적인 목적을 갖고 있었죠. 이러한 국제 관계는 동북아시아에서 조선의 위치를 더욱 복잡하게 만들었습니다.

청의 전쟁인가, 이홍장의 전쟁인가

중국이 성장하고 일본 역시 서구 열강의 힘을 입어 성장하는 사이, 안타깝게도 조선은 완충지대로 기능하면서도 이를 활용할 역량이 없었습니다. 역사를 살펴보면 전쟁이라는 것은 서로 힘이 비등한 나라들이 자신들의 정치적 요구를 강요하기 위해 일어나는 것은 아니었죠. 서로 전력에 압도적인 차이가 있음에도 일어나는 것이 전쟁입니다. 일반적으로 전쟁에서 전력이 우세한 측이 유리한 것은 사실이지만, 전쟁 결과가 개전 당시의 전력 차이로 결정되는 것은 아닙

전쟁으로 보는 한국 근대사

니다. 그렇기 때문에 클라우제비츠가 전쟁이란 한 치 앞을 볼 수 없는 안개 속을 걷는 것과 같다고 이야기한 것입니다. 전쟁이 전개되는 과정에서는 많은 일이 벌어지고, 그로 인해 그 결과를 예측하기 어렵습니다. 전력이 강하면 이 안개 속에서 앞이 조금 더 보일 뿐 그 결과까지 볼 수 있는 것은 아닙니다. 그래서 전력이 열세인 국가 역시 다양한 전략으로 대응할 수 있는 것이며, 특히 완충지대의 경우 지정학적으로 키스톤(keystone) 역할을 함으로써 여러 선택지를 활용할 수 있습니다. 애초에 이러한 전략적 위치를 활용해 전력이 우세인 국가에게 피해를 줄 수도 있기 때문에, 전략적 연합이라는 협상을 통해 전쟁을 억제할 수도 있는 것입니다.

비록 조선의 군사력이 청 혹은 일본에 비해 압도적이지 않아도, 어느 한쪽의 손을 들어줘서 저울의 추가 바뀔 수 있다면 그 자체로 균형을 유지할 수 있죠. 하지만 조선 정부는 내부 모순을 스스로 해결할 수 없었고, 오히려 일부에서는 기득권 유지를 우선시했습니다. 결정적으로 농민항쟁이 일어나자 이를 해결하기 위해 청에 군대를 요청해버렸습니다. 이러한 조선의 내부 문제가 겹치면서 청과 일본의 간섭을 불러오게 되었던 것이죠.

조선 민중이 사회 모순과 문제의 해결을 요구하며 1894년 항쟁을 일으킨 후 조선 정부 내에서는 청에 원병을 요청하자는 의견이 제시되었습니다. 이에 백성의 생명을 빼앗는 것의 불가함과 외국군이 들어올 경우의 혼란을 이유로 대신들이 반대하자 고종 역시 청에 원병을 요청하는 것을 중지하도록 했습니다. 하지만 4월 27일 전주가 함락되고, 이에 고종의 내명을 받은 민영준이 위안스카이(袁世凱)와 교섭해 출병 동의를 얻으면서 조선의 문제는 청일 간의 문제로 확대됩니다.

이홍장은 4월 30일 위안스카이를 통해 조선에서 원병 요청이 들어오자 군함과 병력의 파병을 지시했습니다. 이에 북양함대의 방호순양함 제원호 등이 5월 2일 인천에 도착했고, 5일에는 청군이 아산만에 도착했습니다. 청은 톈진조약에 따라 "조선 정부에서 원병을 청하므로 청이 조선에 파병한다"고 일본에 통보했습니다. 일본 정부는 개전 가능성을 고려하면서 만일의 상황에 대비해 제물포조약에 따라 5월 7일 한양에 병력을 파견했습니다. 13일에는 증원 병력이 인천에 상륙했죠.

청군과 일본군이 조선에 진주한 가운데 조선 정부와 농민군 사이에 화약이 성립되었고, 농민군이 자진 해산하자 조선 정부는 청과 일본에게 철군을 요구했습니다. 이에 청은 조속한 철군을 주장했지만, 일본은 조선에 대한 공동 개혁안 등을 청에 요구하며 철군을 지연했습니다. 결국 청이 일본의 요구를 거부하면서 청과 일본은 전쟁 태세에 돌입했습니다. 일본은 6월 21일 용산에 주둔 중이던 군대를 동원해 경복궁을 점령하고, 대원군을 내세웠습니다. 고종은 일본군이 경복궁을 사실상 점령하는 바람에 어쩔 수 없이 일본 편을 들게 됩니다.

"역사에 '만약'이라는 단어는 없다"는 말이 있죠. 그럼에도 불구하고 '만약' 청일전쟁 당시 조선이 청과 연합했다면 이후의 양상은 많이 달라졌을 것입니다. 일본 역시 전쟁에서 상당한 피해를 입었겠죠. 청일전쟁 당시 일본의 작전 계획을 살펴보면 의외의 계획이 포함되어 있었다는 것을 확인할 수 있습니다. 일본은 만일에 대비해 대한해협을 봉쇄하고 청의 상륙을 저지한다는 계획까지 세워놓았습니다. 즉 패배까지도 염두에 두고 있었다는 이야기입니다.

반대로 청은 이 전쟁을 이홍장만의 전쟁으로 인식했습니다. 청은 전쟁을 조선에서 마무리하고, 평양에서 종결짓는 것으로 계획하고 있었는데요. 하지만 이러한 계획은 9월에 일본군이 평양을 함락하면서 보기 좋게 어긋나고 맙니다. 문제는 이런 상황에도 불구하고 청은 8월 1일까지 중국 내에 전쟁을 선포하지도 않았고, 이 때문에 지방에서 병력을 동원하기에도 너무 늦은 상황이 되었습니다. 사실상 이홍장만의 국지적인 전쟁이 된 것입니다. 하지만 그 결과는 청의 존립까지 위협할 수 있는 상황으로 이어지게 됩니다.

청일전쟁, 조선의 운명을 가르다

역사의 아이러니입니다. 일본은 패전까지 각오했기 때문에 총력전을 벌인 결과 청을 상대로 천고 끝에 이기게 됩니다. 그 시작이 풍

도해전(豊島海戰)입니다. 풍도는 충청도 아산만 입구에 있는 바다인
데요, 여기서 일본군 함대가 청 함대를 공격하면서 청일전쟁이 일
어났습니다. 이때 청은 조선을 지리적 완충지대로 쓰려고 했습니다.
즉 일본군이 밑에서부터 밀고 올라올 테니 한양 아래 자신들의 기지
나 군사적 거점을 만들어 거기서부터 일본의 군대를 축차적으로 막
겠다는 것입니다. 그 첫 지역이 아산이었습니다.

아산만으로 가고 있던 청의 함대를 일본의 함대가 침몰시키면서
전쟁은 본격화되었습니다. 전쟁 중에 청은 많은 패착을 저질렀죠. 청
군은 9월 평양성 전투에서도 패배하면서 결국 압록강 너머로 후퇴하
게 됩니다. 일본은 10월에는 제해권을 장악하면서 육로와 해로로 랴
오둥반도에 상륙합니다. 이후 다롄과 뤼순 등을 함락하고, 3월에는
베이징 인근까지 진출하여 잉커우 외곽에서 청군과 전투를 벌입니
다. 결국 전쟁은 청의 패배로 끝나게 됩니다.

일본은 개전 전부터 한양에 군대를 진주시켜 6월 21일 경복궁을
점령하고, 고종을 겁박하여 전적으로 일본을 지원하겠다는 약속을
강요합니다. 그리고 대원군을 내세워 친일 정권을 수립한 뒤 조선의
모든 군사적 물자를 사용하는 것을 허가받습니다. 사실상 일본은 전
투에 집중하고, 물자 공급은 조선에 떠맡겼죠. 전쟁에서 가장 중요한
것은 물자 공급입니다. 근대 전쟁은 보급으로 한다는 말이 있죠. 일본
은 조선의 노동력과 물자를 적극적으로 활용했습니다. 반면 청은 물
자 보급 등 전반적인 시스템이 제대로 구축되지 않은 상태에서 전

전쟁으로 보는 한국 근대사

쟁을 추진했고, 결국 평양에서 패배하자 압록강 너머로 물러나버렸죠. 이 과정에서 청이 자랑하던 북양함대조차 어이없이 패배하고 말았습니다. 청일전쟁의 어이없는 결말입니다.

청과 일본은 전략적 핵심을 각각 다르게 보았습니다. 청은 시간을 확보하는 게 핵심이라고 생각한 반면 일본은 조선을 선점하는 것이 핵심이라고 생각했습니다. 그 계획대로 수행한 결과 청은 결국 패배했고, 조선만이 답이라고 생각했던 일본이 승리했습니다. 일본은 청일전쟁을 통해서 조선의 가치를 명확히 인식하게 됩니다. 대륙 진출 과정에서 조선이 갖고 있는 역할이 무엇인지를 확실히 깨달은 것입니다.

그 후 조선은 벗어날 수 없는 마수에 빠지고 말았습니다. 나가사키 사건 당시 일본을 상대로 전쟁 운운했던 이홍장은 결국 1895년 시모노세키조약을 맺는 과정에서 굴욕적인 패배를 맞이합니다. 심지어 일본과의 협상 과정에서 이홍장이 저격을 당해 부상을 입는 사건이 벌어졌습니다. 일본은 이홍장에 대한 저격과 부상에 대한 보상으로 배상금을 삭감해줍니다. 이홍장으로서는 어찌 보면 더 굴욕적인 상황이었을 겁니다. 이 조약의 결과 일본은 타이완 등을 확보하고, 조선은 청으로부터 벗어나게 되었습니다. 하지만 실상은 일본의 내정 간섭을 받게 되는 상황이었고, 일본은 조선에 대한 우월적 지위를 차지하게 되었습니다. 이때 러시아, 프랑스, 독일이 일본과 청의 조약 내용에 간섭하게 됩니다. 바로 삼국간섭입니다. 이와 함께 고종이 러시아 공사관으로 피신하는 아관파천이 일어나면서 조선은 또 다른 길을 걷게 됐다고 할 수 있습니다.

전쟁으로 보는 한국 근대사

6강

무섭지 않은
군대

대한제국

근대 전쟁은 무엇이 다른가

과학기술의 발달은 전쟁 양상의 변화로 이어졌습니다. 세계가 근대 전쟁으로 모습을 바꾸고 있는 사이, 과연 고종은 어떤 방식으로 군사력을 강화할 생각을 하고 있었을까요? 이번 장에서는 고종이 생각한 군사력 강화와 이를 위한 노력이 무엇이었는지, 그리고 이 과정에서 조선과 백성에게 어떠한 결과를 초래했는지 살펴보고자 합니다.

근대 전쟁을 상징하는 가장 대표적인 표현은 '대규모', '대량'이라 할 수 있습니다. 우선 대규모 군대가 등장했죠. 나폴레옹 전쟁 당시 프랑스는 러시아를 침공하기 위해 이른바 '유럽 대륙군'을 편성했는데, 이때 나폴레옹이 전 유럽에서 모은 병력이 약 70만 명이었습니다. 러일전쟁 당시 일본이 동원한 병력은 100만 명 이상이었고, 러시아 역시 마찬가지였습니다. 즉 러일전쟁 당시 양측에서 동원한 병력은 도합 200만 명 이상이었습니다. 이제 전쟁에 동원되는 병력은 대규모라는 표현만으로는 부족할 정도가 되었습니다. 사실상 전 국민을 동원해야 가능한 수준입니다.

여기에 대량살상무기 등이 전쟁터에 등장하면서 수많은 군인이 전쟁 중에 목숨을 잃었습니다. 보불전쟁 당시 프랑스는 90만여 명의 병력을 전쟁에 투입했고, 그중 사망자만 14만 명 가까이 발생했습니다. 그리고 사망자 규모에 버금가는 부상자가 발생했습니다. 이렇게

묵덴전투 중 일본군의 공격을 보여주는 그림.
출처: *Le Petit Journal*(March 1905).

전쟁 양상이 전근대에서 근대로 바뀌는 과정에서 조선 역시 새로운 전쟁에 부합하는 군대를 육성해야만 했습니다.

그렇다면 고종은 군사력에 대해 어떻게 생각하고 있었을까요? 당연히 고종의 재위 기간을 고려한다면 전 시기를 관통하는 일관된 관점이나 특징을 도출하는 건 매우 어려울 것입니다. 다만, 개항 직후 서구 열강과 수교하는 과정에서 이들의 생각을 단적으로 보여주는 사례가 있습니다. 갑신정변(1884) 당시 김옥균 등은 거사를 준비하면서 일본 사관학교 유학생과 기존의 신식 군대 가운데 자신들의 영향력 아래에 있는 조선군을 동원하기로 합니다. 이때 일본 사관학교에서 유학한 서재필 등이 과연 어디에서 무엇을 공부하고 훈련받았는지 살펴보면 대략 그 실체를 확인할 수 있죠. 물론 일본이 조선의 군사력을 약화시키기 위해 고의로 그런 곳에 보냈을 수도 있지만 그 실체를 제대로 파악하지 못한 것 역시 조선의 한계라 할 수 있습니다.

조일수호조규(강화도조약) 이후 일본은 조선에 유학생 파견을 권유하면서 그 이유의 하나로 "부국강병을 강구해야 할 조선은 신속히 소장의 양반 자제를 유학시킬 필요가 있다"고 했습니다. 이와 함께 신사유람단을 파견하면서 유학생도 보냈죠. 이후 김옥균 등 개화파의 주도 아래 1884년 갑신정변 당시까지 약 100여 명이 일본에 유학했습니다. 초기부터 유학생 중 일부는 군사 교육을 받았습니다. 조선이 청년들에게 군사 훈련의 중요성을 강조하면서 보낸 곳이 바로 일본 도야마육군학교(戶山陸軍學校)였습니다.

일본 사관학교의 기원은 교토의 병학교입니다. 교토 병학교는 1869년 오사카로 이전해 병학기숙사가 되었죠. 1871년 오사카 병학교는 육군병학기숙사와 해군병학기숙사로 분리됩니다. 육군병학기숙사에는 교도단, 사관학교, 유학교를 두었습니다. 그런데 1874년 사관학교를 분리시켜 개교했습니다. 이때 구 오하리 번하 저택 터에 육군병학기숙 도야마출장소를 설치했고, 1874년 2월에는 육군도야마학교로 개청했습니다. 도야마학교에서는 사격, 총검술, 체조, 조련 등 병 기본 훈련과 함께 다른 교육 기관과 차별화된 교육을 했는데요, 바로 '나팔'입니다. 즉 군악 교육을 했고, 이 때문에 도야마학교는 이후 일본 육군 군악대의 총본산이 될 수 있었죠. 당연히 일본 도야마학교에서 받은 훈련은 사관학교에서 배우는 것과 차이가 있었습니다.

여기서 고종을 비롯해 당시 조선의 위정자가 인식하고 있던 전쟁 양상을 살펴봐야 합니다. 전근대 전투를 생각할 때 가장 대표적인 전술은 사선 전술입니다. 다른 말로 사선 대형이라고도 하죠. 사선 대형은 미니에 탄과 후장식 소총이 나오면서 사라진 전근대 전술이자 대형이었습니다. 영화 〈남한산성〉에서 조선군이 평야에서 청 기병을 상대로 전개한 대형이기도 합니다. 미국의 남북전쟁에서도 활용된 전술입니다.

그렇다면 사선 대형에서 전투는 어떻게 벌어질까요? 우선 양측의 군대가 서로 마주 보고 시작합니다. 멀어야 50미터, 가까우면 25미터 정도 떨어져서 서로 마주 본 채 총을 조준하는 것입니다. 이때 상

한말 대한제국군.
출처: Isabella Bird Bishop, *Korea and her Neighbour*(1897).

대도 조준하고 있다는 것을 알지만, 대열에 서 있는 사람들은 상대의 사격에 대비해 몸을 숨기거나 자세를 낮추지도 않고 선 채로 묵묵히 지휘에 따릅니다. 당시 장교나 부사관의 중요한 임무는 대열의 한쪽에 서서 창이나 칼로 줄을 긋고 병사를 세우는 것이었습니다. 그리고 병사들에게 절차에 따라 조준하도록 지시해 상대편에게 화력을 집중하도록 한 것입니다. 양쪽에서 서로 마주 보면서 조준, 발사! 이것은 매우 중요합니다. 동시에 발사할 수 있도록 지휘하는 것이 화력을 극대화하는 핵심적인 방법이죠. 당시 사용하던 총기의 특성상 사선 대형은 서로 잘 보이지도 않는 먼 거리에서 벌어지는 전투가 아니었습니다. 아주 근접한 거리에서 서로의 얼굴까지 알아보고,

어쩌면 눈까지 마주치는 곳에서 상대에게 총구를 겨누고 한꺼번에 쏘는 방식의 전투입니다. 이때 먼저 쏘는 것은 금물입니다. 지휘관의 구령에 따라 동시에 총을 쏴야 효과를 극대화할 수 있었습니다.

한순간에 눈앞이 연기로 자욱해지죠. 흑색 화약의 특성상 불완전 연소로 인한 연기입니다. 그러다 한두 명, 운이 좋으면 여러 명이 쓰러지는 것을 볼 수 있습니다. 마찬가지로 아군 측에서도 그만큼 쓰러집니다. 이러한 전투 방식이 가능했던 것은 당시 사용하는 무기가 전장식 소총이었기 때문입니다. 전장식 소총은 총알을 총구로 넣어 장전하는 총입니다. 이 때문에 장전하는 데 시간도 오래 걸리고 명중률도 무척 낮습니다. 화약이 폭발하면서 총알을 밀어내도 총열 안에서 이리저리 튕기면서 총구를 벗어나기 때문에 포구 속도도 느리고 방향을 가늠하기도 어렵습니다. 이런 것을 직진성이 나쁘다고 표현합니다. 총의 뒤쪽으로 장전하는 후장식 소총이 나오기 전까지 많은 경우 이런 식으로 싸웠습니다.

전장식 소총의 명중률과 관련해서 프로이센에서 통계를 낸 적이 있습니다. 그 결과를 보니 어느 정도 거리를 넘어서면 마치 달에 쏘는 것만큼 확률이 낮다는 것이죠. 이를테면 확률상 1퍼센트에 불과하다는 것입니다. 그런데 명중률이 1퍼센트에 불과해도 만약 100명을 세워놓고 쏘면 최소 한 발은 명중하게 됩니다. 많은 병사를 일렬로 세워 한꺼번에 사격할수록 명중률이 높아진다고 할 수 있습니다. 그렇기 때문에 사선 대형이 전술적으로 매우 중요한 가치를 가지게

전쟁으로 보는 한국 근대사

된 것입니다. 따라서 사선으로 얼마만큼 많이 늘어설 수 있느냐, 그리고 동시에 그 화력을 얼마나 집중시킬 수 있느냐에 따라서 전투의 승패가 갈리게 됩니다. 이것이 사선 대형의 특징이었습니다. 그렇기 때문에 병사들은 절대로 대열에서 이탈해서는 안 되며 자리를 지키고 지시에 따라 움직여야 하는 것입니다.

당시 사용하던 흑색 화약은 한 번 쏘면 앞이 안 보일 정도로 많은 연기가 생겼습니다. 그리고 다시 장전해서 사격하기까지 오랜 시간이 걸렸죠. 이 때문에 사격 이후에는 소총에 총검을 착검하고 상대를 향해 돌격했습니다. 하지만 연속해서 사격이 가능하다면 돌격 전에 한 번 더 사격이 가능할 것이라고 생각한 이들이 있었습니다. 다만 전장식 소총은 장전 시간이 너무 길어 상대가 코앞에 올 때까지 장전이 어려울 수 있었죠. 그래서 사람들은 이런 생각을 했습니다. 맨 앞줄에 있는 병사들이 사격을 한 다음, 뒷줄에 있는 사람들이 장전하고 있다가 앞으로 나와 사격을 하는 것입니다. 그렇게 열만 바꾸면 연속 사격을 할 수 있고, 그렇게 서너 열 정도 준비하면 연속해서 사격이 가능했습니다. 이런 식으로 만들어진 대형이 사선 전술의 기본 대형이었습니다. 나폴레옹 전쟁 당시에도, 미국 남북전쟁까지도 이렇게 했습니다.

하지만 흑색 화약이 무연 화약으로 바뀌고, 미니에 탄이 개발되고, 후장식 소총이 나오고, 결정적으로 기관총이 등장하면서 전쟁의 양상이 완전히 바뀌었습니다. 이제는 전처럼 대형을 갖추고 서 있으면 안

됩니다. 미니에 탄은 총알의 직진성을 대폭 향상시켰습니다. 이제 일어서서 사격을 준비하면 사실상 목숨을 내놓는 것과 마찬가지였죠. 후장식 소총은 사격을 더 빠르게 할 수 있었습니다. 게다가 밀집 대형으로 모여 있으면 기관총탄의 세례를 받을 가능성이 높았습니다.

여기서는 주로 소총 사격에 대해서만 설명했지만, 더 극적인 변화는 포병을 중심으로 나타났습니다. 신관이 발전하면서 포탄을 목적에 따라 지상, 지표, 지하 등 다양한 위치에서 폭발시킬 수 있었습니다. 폭발력 역시 급격하게 향상됐고, 사거리 역시 증가했습니다. 이제 전장은 눈에 보이지 않는 곳까지 늘어났죠. 포병은 관측병을 앞세워 아득히 먼 곳에서 사격을 시작했습니다. 군인들은 상대를 보기도 전에 적의 포병 공격을 받았습니다. 따라서 눈에 띄는 옷을 입고 있는 것은 오히려 위험했죠. 로마시대 군단처럼 멋지게 밀집 대형으로 이동하는 것은 순식간에 대량 피해로 이어질 수 있었습니다. 이제 잘 보이지 않도록 은폐하고, 소규모로 분산해야 생존을 보장할 수 있었습니다.

근대의 전투 훈련은 이제 흩어지는 것으로, 몸을 낮추는 것으로 바뀝니다. 보여주기식 훈련은 사실상 목숨을 버리는 것과 마찬가지였죠. 가급적 보이지 않아야 했고, 대열을 맞추기보다 흩어져서 작전을 수행해야 했습니다. 흩어져 있는 병력을 통제해야 했기 때문에 지휘관의 역할이 더욱 중요해졌고, 사선 대형과는 전혀 다른 훈련 체계와 방법이 필요했습니다. 이러한 변화를 고종과 위정자들은 제대로 따라가지 못했습니다. 여전히 수많은 병력이 대열을 맞춘 채 그 위용을 보여주는 것에서 강군이 만들어진다고 생각했죠. 그 결과 한말 고종의 행차는 서양인에게 재미있는 눈요깃거리는 되었을지 모르지만, 조선의 민중을 지키는 군대는 될 수 없었습니다.

일회용 무기를 수입한 대한제국

고종에게 강군이란 보여주기식 군대였고, 고종은 그런 군대를 사람들에게, 특히 서양인에게 과시하고 싶어했습니다. 당시 조선에 살던 서양인의 기록을 보면, 고종은 종종 수천 명의 군대를 이끌고 대열을 지어 이동하는, 지금으로 따지면 퍼레이드를 자주 열었다고 합니다. '국군의 날' 행사에서 보이듯 이러한 퍼레이드는 언뜻 대단히 위용이 있고 멋있어 보일 것입니다. 여기에 취타대가 연주하는 음악과 함께 동양적인 웅장함도 담겨 있었겠죠. 그러한 퍼레이드의 중심에 자리한 고종의 위용은 정말 대단했을 것입니다. 하지만 이러한 위세와 실제 군사력은 정반대라고 할 수 있습니다.

당시의 전쟁 양상은 숨고 사라지고 은폐하고 엄폐하는 것이었습니다. 소총 제작의 정밀성이 높아지면서 강선이 등장했고, 강선은 총알의 직진성을 극대화시켰죠. 이로써 명중률이 높아져 총알 한 방으로 한 명을 죽일 수 있는 수준까지 도달한 상태였습니다. 이 때문에 군인은 생존을 위해 몸을 낮추고 소산해야 했죠. 여기에 기관총과 포병탄의 위력이 증가하면서 가급적 넓은 공간에 흩어지는 것이 전쟁터에서 생존을 보장하는 방법이었습니다. 퍼레이드처럼 함께 열을 맞추어 모여 있으면 한꺼번에 전멸할 수 있어서, 이제 퍼레이드는 전술 훈련의 한 부분이 될 수 없었습니다.

그럼에도 조선군은 눈에 보이는 위용에만 집중했고 그것을 중심으로 군사력을 발전시켰습니다. 그러한 대표적인 형태가 바로 양무함의 도입입니다. 양무함은 원래 영국의 운하 또는 강에서 석탄을 실어 나르던 운반선이었는데, 이를 일본이 수입해서 세토 내해에서 역시 석탄 운반선으로 사용했습니다. 이 배를 1903년에 조선 정부가 군함으로 도입했죠. 당시 조선 정부가 원한 것은 전투력보다 위용을 자랑할 수 있는 배였기 때문입니다.

양무함은 석탄 운반선이었기 때문에 현재 화물선처럼 매우 컸습니다. 다만 문제가 있다면 내해 혹은 강에서 운항하는 것이 목적이었기 때문에 원해 혹은 파도나 물살이 센 곳에서 다닐 수 있는 배가 아니었다는 것입니다. 그래서 크기에 비해 힘도 약했죠. 요즘으로 치면 대형차에 소형차의 엔진을 설치한 격이었습니다. 그런데 이 배에 온갖 무기를 설치했고, 보기 좋게 만국기도 답니다. 보여주기식 위용만을 추구한 것이었고, 그 결과는 최악이었습니다. 조선의 군사비 중 많은 부분을 투입해 사들인 양무함은 초기에 움직이지도 못했습니다. 출력을 고려하지 않은 채 지나치게 무장을 설치한 잘못된

전쟁으로 보는 한국 근대사

대한제국 군함 양무함.
출처: 인천개항박물관.

개조가 문제였죠. 보기에만 대형 군함처럼 만든 양무함은 결국 러일 전쟁 때 일본이 빼앗아 다시 무기를 뜯어내고 운반선으로 활용했습니다.

당시 고종을 비롯한 조선의 위정자들이 생각하던 무기는 그런 식이었습니다. 그러다 보니 무기를 구매할 때 화려한 것, 눈에 잘 띄는 것에 지나치게 집중했습니다. 성능이나 운용 방식 등이 아니라 주로 과시하기 좋아보이는 것을 구매했던 것입니다. 결국 전혀 무기로써 가치가 없는 양무함 같은 것까지 사들였던 것이죠.

특히 조선에서 많이 사들인 것은 총이었습니다. 물론 이런 총을 사들이기 위해서는 많은 돈이 필요했죠. 하지만 조선 정부에서 발행하는 돈은 외국에서 사실상 거의 가치가 없었죠. 그렇기 때문에 처옴에는 가지고 있던 은괴 등으로 지불했습니다. 문제는 조선 정부에서 보유하고 있던 은괴가 별로 없었다는 점입니다. 조선은 절약이 근본인 나라입니다. 재정이 부족하면 세금을 더 걷기보다 절약하는 게 기본인 작은 나라였습니다. 금광과 은광이 있어도 일부러 캐지 않는 그런 나라였기 때문에 조선 정부가 갖고 있던 재정은 곧 고갈되었습니다.

그렇다면 무엇으로 그 무기들을 사들였을까요? 바로 미래 가치를 담보로 사들이기 시작합니다. 대표적인 것이 은광, 금광의 채굴권입니다. 조선의 많은 지하자원 채굴권이 팔려나갔습니다. '노다지'라는 표현도 이때 생겨났는데요. 심지어 고종은 청일전쟁 직전에 로스차일드 가문과 조선의 지하자원 판매권을 놓고 교섭까지 했습니다. 물론 청일전쟁으로 무산되었지만, 아마 당시 거래가 성사되었다면 지금까지 상당한 문제로 이어졌을지도 모릅니다. 이러한 지하자원 이외에 조선이 갖고 있는 중요한 미래 가치가 하나 더 있는데, 바로 관세입니다. 국가 간의 수출입이 발생할 때 정부는 관세라는 걸 부여합니다. 주권 국가로서 이러한 관세를 부여하는 것은 당연한 권리이죠. 그런데 조선 정부는 이러한 권리를 담보로 돈을 빌리고, 그 돈으로 무기를 사들였습니다.

여기서 또 결정적인 문제가 발생했습니다. 쉽게 설명하자면, 프린터를 사놓고는 소모품을 안 산 것입니다. 당연히 프린터 살 때 함께 준 번들용 소모품이 있어 처음에는 인쇄를 할 수 있죠. 하지만 곧

한말 의병.
출처: Fred A. McKenzie, *The Tragedy of Korea*(1908).

소모품이 필요하다는 경고 메시지가 뜨고, 인쇄가 안 되기 시작합니다. 결국 조선은 프린터를 사면서 잉크를 비롯한 소모품은 고려하지 않은 셈입니다. 의병전쟁 당시 영국 일간지인《데일리 메일》의 기자 프레더릭 아서 매켄지가 양평 등을 방문하여 의병을 취재한 적이 있습니다. 의병이 매켄지에게 간절히 원하는 것이 있었는데, 바로 탄약을 구해달라는 것이었죠. 벽에 총은 걸려 있었지만, 이 총을 쏠 수 있는 탄약이 없었습니다. 조선군 역시 마찬가지였습니다. 어찌 보면 당연한 것이었는지도 모릅니다. 퍼레이드에 필요한 것은 멋진 총이지 여기에서 발사되는 총알이 아니었습니다. 그런데 소모품을 구매하기 위해서는 계속해서 많은 돈이 필요했죠. 총만 필요한 것이 아니라 탄약이 더 필요했고, 주기적으로 교체해줘야 하는 부품과 고장

나면 고칠 수 있는 부속품이 더 필요했습니다. 이 모든 필요는 고스란히 비용으로 돌아온 것입니다.

고종을 비롯한 당시 조선의 위정자들은 보여주는 것에 군사력의 중심을 두었습니다. 이런 보여주기는 좋은 의미에서 억제 수단이 될 수도 있지만 이런 막연한 생각만으로 각종 자원과 관세까지 담보로 잡혀가며 지속성을 담보하기 어려운 무기를 사들이는 것은 문제가 있었죠.

이렇게 총기의 종류가 다양해지면서 또 다른 문제가 발생합니다. 이를 비유하자면 여러 기종의 프린터를 구매한 것과 마찬가지라고 할 수 있습니다. 이를테면 A사 레이저 프린터, B사 레이저 프린터, 이런 식으로 두 대의 레이저 프린터를 구매하면, 당연히 A사에서 만든 프린터와 B사에서 만든 프린터의 소모품은 서로 호환되지 않을 것입니다. 즉 여러 종류의 무기를 들여왔는데, 탄약을 비롯한 부품의 호환성을 고려하지 않고 구매한 것입니다. 작은 나사 하나도 A사에서 만든 총의 나사들은 B사에서 만든 총의 부품으로 사용하기 힘듭니다. 그래서 A사의 총은 확보한 탄약만 다 쓰면 그다음에는 장식품이 되었죠. 탄약도 없고, 고장 났을 때 수리할 방법도 없었습니다.

군대에서 사격 이후 반드시 실시하는 것이 바로 총을 닦는 것입니다. 사격을 하면 총구 안쪽을 비롯해 총열 등에 찌꺼기가 발생하는데, 이것을 탄매라고 합니다. 아무리 매연이 적게 발생하는 무연 화약이라고 해도 연기가 적게 날 뿐 탄매가 발생하기 때문에 이를 제거하지 않으면 다음 사격 시 고장 등 각종 문제가 발생하게 됩니다. 그런데 탄매라는 것은 그냥 닦아낸다고 닦이는 것이 아닙니다. 탄매를 녹일 수 있는 기름을 써서 닦아내야 하는데, 이를 강중유라고 합니다. 총을 계속 사용하기 위해서는 이런 것도 필요했죠. 그런데 안타까운 것은 한말 무기 관련 품목 중에 강중유에 대한 기록을 찾아보기 어렵다는 점입니다. 당연히 수입 품목 중에도 찾아보기 어렵습니다. 이것은 강중유를 비롯한 총기 관리 용품 역시 도외시했다는 것을 의미합니다. 어쩌면 총기를 일회용으로 생각했다는 것과 다를 바 없습니다. 한말 고종을 비롯한 위정자들이 생각하던 조선의 군비 강화의 한 단면입니다.

시대를 거슬러가는 조선 군대

조선은 군제 개편을 하면서 한양에 시위대를 편성하고, 주요 지역에는 이른바 근대식 군대라고 할 수 있는 진위대를 주둔했습니다. 조선의 군대 개편은 단기간에 많은 병사를 모아 성공적으로 이루어졌습니다. 여기에 외국 교관을 초빙하여 이들의 지시에 따라 일사불란하게 훈련도 하고 군복도 갖춰 입는 등 외형상 빠르게 변화했습니다. 많은 외국인도 이러한 변화를 보면서 특히 조선의 군역 체계 등에 매우 놀랐죠. 사실 이를 쉽사리 해낼 수 있는 국가는 그리 많지 않았기 때문에 그 저력은 충분히 높이 살 수 있었습니다.

문제는 이들의 훈련과 그들이 들고 있던 무기가 사실상 장식용에 가까웠다는 점이었습니다. 처음 조선군을 가르치기 시작한 일본 교관을 비롯하여 중국, 미국, 러시아 교관 역시 이러한 사정을 잘 알고 있었죠. 그들은 조선군을 훈련시키면서 한편으로는 조선을 중요한 시장으로 생각했습니다. 결국 교관이 바뀔 때마다 조선의 무기 역시 바뀌었습니다.

그럼에도 고종을 비롯한 조선의 위정자들이 강조한 것이 있었는데, 바로 복식입니다. 그런데 복식 규정 역시 끊임없이 바뀌었습니다. 나폴레옹 전쟁 이후 점차 복식이 간소해지고 실용적으로 변해가고 있는 상황에서 조선군의 복식은 여전히 화려했습니다. 의례복뿐만 아니라 전투복조차 여기에 맞춰 끊임없이 화려해졌습니다. 심지어 실제 입고 있는 옷이 규정 변화를 따라가지 못하는 수준에 이르게 됩니다. 이를테면 초기에는 프랑스식을 따랐지만, 보불전쟁 이후 독일식으로 바뀌었고, 청일전쟁 이후에는 다시 일본군 복식 형태로 바뀌게 됩니다.

여기에 복식 자체가 실용적이지 못했습니다. 예식 때 입는 정복과 전투복은 분명한 차이가 있습니다. 예복을 입고 전투를 수행하기는 어렵습니다. 그런데 조선군은 그 차이가 흐릿했습니다. 그러다 보니 변화된 규정에 따라 군복을 제때 보급해주지 못했죠. 규정을

전쟁으로 보는 한국 근대사

대례의 군장

1897년 군복 상의.*

바꾸면 군복을 비롯해 관련된 사항을 다 바꿔야 하는데, 예산 등 여러 문제로 그러지 못했습니다. 그래서 당시 조선군이 훈련하는 사진을 보면 시기에 맞지 않는 군복이 서로 섞여 있는 모습을 확인할 수 있습니다. 어떤 경우에는 하나의 부대에도 앞에서 언급한 프랑스식과 독일식, 러시아식, 일본식 군복이 마구 뒤섞여 있기도 했습니다.

훈련도 마찬가지였습니다. 당시 조선군의 핵심은 한양에 주둔한 시위대였는데, 이들의 훈련은 주로 분열이나 열병 혹은 줄지어 서

---

* 대례의: 육군 참위 예복을 입은 박승환(김재은 외, 『대한제국 황제 복식』, 문화재청 덕수궁관리소, 2018, 102쪽); 군장: 『韓國風俗人物事蹟名勝寫眞帖』, 대한제국의 군인들(김재은 외, 『대한제국 황제 복식』, 문화재청 덕수궁관리소, 2018, 102쪽 재인용).

있는 사선 대형을 이루는 데 집중되었습니다. 당시 전쟁 양상을 고려하면 사실상 전투 훈련이라고 보기 어려웠는데요. 이것을 단적으로 확인할 수 있는 것이 당시의 전술 교범입니다.

당시 조선의 군사 교범에는 근대적 전술도 일부 반영되었지만, 극히 일부일 뿐이었습니다. 상당 부분은 근대적 전투 양상으로 바뀌기 전, 혹은 그 과도기 때 쓰인 내용이었죠. 여전히 사선 대형에 관한 내용이 주를 이루었고, 대열을 편성하는 것이 중요하게 다뤄졌습니다. 이러한 전술은 대량살상무기를 만나면 치명적일 수밖에 없었습니다. 그럼에도 조선의 군인들은 열심히 대형을 구성하고, 선형으로 진형을 구축했습니다. 이미 기관총이 실용화된 상황에서도 이러한 양상이 계속되었죠.

조선 포수와 민중, 의병 항쟁의 선봉이 되다

여기에서 기억해야 할 것이 있습니다. 우리는 오랜 기간 한 터전에서 삶을 같이해온 공동체라는 점입니다. 이른바 '토착성'을 말합니다. 이러한 토착성은 우리가 인접한 일본이나 중국과는 다른 민족이라는 인식을 형성하는 배경이 되었죠. 그리고 이러한 민족 정체성을 유지할 수 있는 중요한 기반이기도 했습니다.

군사적으로도 토착성은 매우 중요한 역할을 합니다. 지형과 지물에 적합한 전투 방식을 개발하고 적용하는 데는 이에 익숙한 사람이 유리합니다. 총의 크기부터 사격 방법과 이러한 총이 유효한 역할을 할 수 있는 지형의 이용 방법까지, 토착성이 있는 사람과 그렇지 않은 사람 사이에는 결정적 차이가 있었습니다. 이러한 토착성에 특화된 이들이 있었는데, 바로 포수입니다.

앞에서도 언급한 것처럼 조선의 산포수는 병인양요와 신미양요를 거치면서 국가의 중요한 동원 전력으로 자리 잡았죠. 이들은 의병전쟁 당시에도 무서운 전력을 보여주었습니다. 특히 우리나라의 대부분을 차지하는 산악 지형에서 이들보다 무서운 전투력을 가진 사람은 찾기 어려웠습니다. 비슷한 예로 보불전쟁 당시에도 독일군은 프랑스 민병대를 '사냥꾼'이라고 불렀습니다. 이들은 어디에 숨어야 들키지 않는지 잘 알고 있었고, 어디에 먹을 것이 있는지 알았기 때문에 보급의 한계를 쉽게 극복했죠. 특히 우리나라 포수는 화승총이라는 전근대적인 무기로 호랑이를 비롯한 산짐승을 사냥하는 사람들이었습니다. 이들은 극단적으로 가까운 거리, 열 보 정도의 거리까지 가서 호랑이를 사냥하기도 했습니다. 이 정도는 호랑이가 단 한 번의 도약으로 포수를 공격할 수 있는 거리입니다. 이 정도까지 접근해야 포수가 정확하게 호랑이를 일격 필살할 수 있죠. 그런 담력과 능력을 가진 사람들이 산포수였고, 이른바 호랑이 사냥꾼이라 불리던 이들이었습니다. 이들이 의병의 주축을 이루었습니다.

그리고 그 옆에는 산포수와 함께 짐승몰이를 어떻게 해야 하는

지 아는 지역민들이 있었습니다. 그들은 어디로 산짐승을 몰아야 산
포수가 매복하고 기다리는 곳으로 갈 수밖에 없는지 아는 사람들입
니다. 이들 역시 산포수만큼은 아니라 해도 지형을 잘 알았고, 어디로
도망가야 추격하는 일본군으로부터 피할 수 있는지도 잘 알았습니다.

한말 조선의 위정자들이 생각하고 있던 군사력과 수많은 외침과
질병을 극복해온 민중의 힘은 전혀 다른 것이었습니다. 그 결과가
한쪽에서는 양무함과 장난감 같은 무기의 구입으로 나타났고, 다른
한쪽에서는 의병으로 나타났습니다. 외세로부터 국권을 수호하고
회복하기 위해 항쟁하는 과정에서, 신식 무기로 무장한 정규군보다
는 산포수나 민중이 일본에는 더 위협적인 존재였습니다. 그리고 이
들은 이후 독립전쟁의 근간이 되고, 바탕이 되었습니다.

7강

조선의
친구는
없었다

러일전쟁

한반도의 운명이 결정된 제0차 세계대전

1904년에 일어난 러일전쟁은 세계 열강에 의해 한반도의 운명이 결정된 불행한 사건입니다. 그렇기 때문에 흔히 영국, 미국, 독일 그리고 프랑스 등 세계 주요 열강의 대리전이라 불리기도 하고, 실제로 직간접적으로 많은 연관이 있습니다. 열강의 대리전 양상으로 진행된 러일전쟁은 제1차 세계대전 이전의 대규모 전쟁이어서 '제0차 세계대전'이라 불리기도 합니다. 여기서는 러일전쟁 당시 대한제국이 어떻게 국제적으로 철저하게 고립되었고, 가장 큰 피해자가 되었는지 살펴보고자 합니다.

대한제국 역시 근대화하는 과정에서 많은 재정을 투입해 군비 강화에 도전했습니다. 하지만 이러한 노력은 앞에서 살펴본 것처럼 주로 보여주기 위한 것에 집중되었고, 실제 군사력 향상에 이르지는 못했죠. 그런 보여주기식 군사력이라도 만약 오랜 시간 쌓였다면 군사력 강화로 이어졌을지 모릅니다. 하지만 안타깝게도 군사력이 제대로 쌓이기 전에 이러한 노력을 물거품으로 만드는 사건이 일어났는데, 바로 러일전쟁입니다.

우리에게 잘 알려져 있지 않고, 실제 교과서에도 잘 나와 있지 않은 내용 중 하나가 러일전쟁 당시 일제가 대한제국의 군사력을 약화시킨 과정입니다. 교과서에는 러일전쟁 이후인 1907년 8월 1일 일제가 대한제국군을 강제로 해산하면서 대한제국군이 의병에 가담했

러일전쟁 개전 관련 삽화.
출처: *The Illustrated London News*(1904. 02. 13).

다고 나와 있습니다. 하지만 그 이전부터 이미 절반에 가까운 병력
이 예산 절감을 이유로 해산된 상태였죠.

러일전쟁이 일어나면서 대한제국의 군사력은 그 형태를 갖추기
전에, 즉 군사 체계가 완성되기 전에 무너졌습니다. 일본은 대한제국
군을 러일전쟁에 활용했는데, 그 대표적인 사례가 대한제국군이 해
군력 강화의 상징으로 도입한 양무함을 러일전쟁 중 징발해 수송선
으로 사용한 것입니다. 결국 일본은 청국을 상대로 시모노세키조약
을 체결했고, 이후 유럽의 육상 강국이라 불리던 러시아를 상대로 포
츠머스조약을 체결하면서 새롭게 동북아시아의 맹주로 나섭니다. 하지

전쟁으로 보는 한국 근대사

만 과연 우리가 알고 있는 것처럼 일본의 일방적인 승리였는지 좀더 자세히 살펴봐야 합니다.

러일전쟁 이전의 국제 정세

역사적 중요성에 비해 우리나라 교과서는 러일전쟁을 매우 단순하게 설명하고 있는데요. 한 고등학교 한국사 교과서의 서술 내용은 다음과 같습니다.

청일전쟁 이후 만주와 한반도에서 주도권을 차지하기 위한 러일 간의 갈등이 고조되는 가운데, 양국은 자국의 이익을 보장받기 위해 여러 차례 협상에 나섰다. 하지만 이해관계의 충돌로 결국 러일 협상은 결렬되었다. 고종은 양국 간에 전운이 감돌자 국외 중립을 선언했다. 일본은 이를 무시하고 제물포와 뤼순 앞바다에 있던 러시아 함대를 기습 공격하여 러일전쟁을 일으키고, 서울에도 난입했다(1904.2). 또한 한국 내에서 군사 기지를 마음대로 사용할 수 있도록 하는 한일의정서를 강제로 체결했다. 전세가 유리해지자 일본은 한국에 재정, 외교 고문을 추천한다는 조약(제1차 한일협약, 1904.8)의 체결을 강요했다. (······) 일본은 전쟁 중에 군사적 요충지였던 독도를 자국 영토에 불법으로 편입한 후(1905.2) 러시아의 발트 함대를 동해에서 격파하여 결정적인 승기를 잡

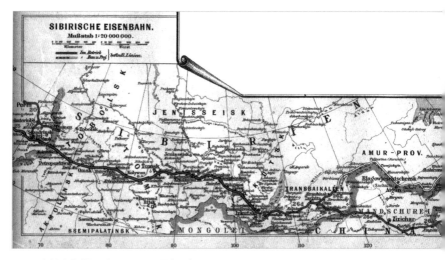

시베리아 횡단철도 건설 초기 부설 계획(1897).
출처: 위키피디아.

았다. (……) 이 무렵 일본은 전쟁 비용이 거의 바닥나고 있었으며, 러시
아도 국내 사정으로 전쟁을 지속하기 어려웠다. 이에 두 나라는 미국의
중재안을 수용하여 한국에서 일본의 특수 권익을 인정하는 내용의 포
츠머스조약을 맺었다(1905.9).(미래엔교과서)

일부 교과서에서는 여전히 '러시아의 남하정책'과 이를 견제하려
는 영국의 '그레이트 게임'의 연장전이라는 식으로 러일전쟁의 원인
을 서술하고 있습니다. 요약하자면 부동항을 찾으려는 러시아와 대
륙을 침략하려는 일본이 충돌한 것이라는 설명입니다. 혹여 좀더 부

전쟁으로 보는 한국 근대사

연해 설명한다 해도 큰 범주에서는 별다른 차이가 없지만, 실제 그러했는지 그 내막을 더 살펴볼 필요가 있습니다. 이를테면 개전 시기에 대한 내용입니다.

근대 이전의 전쟁은 종종 누가 선제공격을 하느냐에 따라 승패가 결정되곤 했죠. 그래서 일본은 선제공격을 계획하고, 개전 시기를 러시아의 시베리아 횡단철도 완공 이전으로 잡았습니다. 시베리아 횡단철도가 완공될 경우 동북아시아에 대한 러시아의 영향력이 더 강화될 것으로 판단했기 때문입니다. 실제 일본은 당시 시베리아 횡단철도의 세부 열차 시간표까지 파악하고 있었죠. 즉 모스크바에서 출발한 기차가 시베리아를 거쳐 종착역인 블라디보스토크까지 오는데 걸리는 시간을 파악한 것입니다. 그뿐만 아니라 동청철도*를 이용할 때 걸리는 시간, 하얼빈에서 블라디보스토크로 향하지 않고 중국 동북 지역을 가로질러 뤼순까지 내려올 때 걸리는 시간도 파악하고 있었습니다. 이러한 정보가 중요한 것은 러시아가 병력을 증원하는 속도를 가늠할 수 있기 때문입니다.

러시아 역시 일본의 의도를 어느 정도 파악하고 있었습니다. 특히 한반도를 가로지르는 경부선 공사가 일본 육군의 주도 아래 신속하게 진행되기 시작했기 때문입니다. 이러한 정황은 누가 봐도 러시

---

* 東淸鐵道, 만주횡단철도, 북만주철도 등 다양한 이름으로 불리며, 시베리아 횡단철도가 시베리아를 지난 뒤 치타에서 분기해 하얼빈을 거쳐 역시 블라디보스토크까지 이어지는 노선이다. 남만주철도는 하얼빈에서 뤼순까지 이어지는 노선을 의미한다.

아와의 전쟁에 대비한 것이었죠. 따라서 러시아는 시베리아 횡단철도를 신속하게 부설하는 한편, 일본군의 공격을 어떻게 막을 것인지 골몰하기 시작했습니다. 이러한 양측의 수 싸움 속에서 협상은 진행되었고, 양측의 외교적 노력이 성과 없이 끝나면서 예상한 것처럼 일본의 선제공격으로 전쟁이 시작되었습니다.

당시 일본은 자력으로 전쟁을 수행하기 어려웠습니다. 물론 청일전쟁 이후 막대한 배상금을 받아 이를 바탕으로 산업화까지 추진하고 있었지만, 그것만으로는 부족했죠. 이런 상황에서 일본은 매우 중요한 동맹을 맺게 됩니다. 사실 이 동맹 때문에 러일전쟁을 '그레이트 게임'의 연장전이라고 해석하기도 합니다. 이 동맹이 체결될 것이라고 예상한 이들은 그리 많지 않았기 때문에 더욱 놀라운 것이었습니다. 흔히 이것을 영국의 '화려한 고립의 끝'이라고 부르기도 합니다. 바로 일본과 영국 간의 동맹, 즉 1902년 영일동맹입니다.

당시 세계 정세를 살펴보면 이것은 충분히 예상 가능한 일이었습니다. 우선 1902년 영국의 상황을 한번 꼼꼼히 살펴볼 필요가 있습니다. 영국이 '해가 지지 않는 제국'이 되는 데 가장 큰 공헌을 한 것은 해군이었습니다. 1898년 빅토리아 여왕 즉위 60주년 당시 관함식에 동원한 배는 전 세계 어떤 해군도 무찌를 수 있는 위용을 자랑했습니다. 하지만 이러한 위용은 내부적으로 심각한 문제를 안고 있었습니다.

그전까지 군함은 풍력으로 움직였습니다. 하지만 19세기 중반을

전쟁으로 보는 한국 근대사

영일동맹 삽화.
출처: *Edwardian Cartoons Punch Magazine*(1901.02.19).

거치면서 군함의 추진 동력은 풍력에서 증기로 변화했고, 영국 해군 역시 풍력선에서 증기선으로 점차 교체하고 있었습니다. 풍력으로 이동하던 시절에는 배를 건조하기만 하면 병력과 보급 이외에 별다른 비용이 소요되지 않았죠. 하지만 증기선으로 바뀌면서 석탄이라는 연료가 필요했고, 이것은 막대한 유지 비용으로 이어졌습니다. 사실상 전쟁 비용이 급증한 것입니다.

영국은 이러한 문제를 해결하기 위해 전략적으로 중요한 지역에 전력을 집중하게 됩니다. 영국 해군은 제국을 운영하는 데 절대 포기할 수 없는 다섯 지역을 선점했습니다. 이를 '다섯 개의 열쇠'라고 불렀습니다. 중동의 수에즈운하, 아프리카 희망봉, 아시아 말라카스해협의 싱가포르, 대서양의 길목에 있는 지브롤터, 마지막으로 남미의 마젤란해협이었습니다. 영국은 이 다섯 지역에 기지를 건설했습니다. 전쟁 비용을 최소화하기 위해서 군사력을 집중한 것입니다.

그러다 보니 이 다섯 지역에 해당하지 않는 곳에서 문제가 발생했죠. 가장 대표적인 지역이 처음에는 카리브해였고, 그다음에는 동북아시아였습니다. 카리브해를 위해 영국은 미국과 협력 관계를 유지하기 시작했고, 동북아시아에서 처음에는 청과 협력 관계를 유지하다가, 청일전쟁 이후 일본으로 그 상대를 바꿉니다. 이러한 변화는 영국이 이른바 '화려한 고립'이라고 불리던 외교 정책을 버리고 새로운 외교 정책을 추진하면서 그 첫 상대로 일본과 동맹을 맺은 것으로 구체화되었기 때문에 전 세계적으로 많은 이슈가 되었습니다.

전쟁으로 보는 한국 근대사

영일동맹은 전 세계에 충격을 주었습니다. 일단 일본의 해군력이 갑자기 몇 배나 강화된 것과 같은 셈이 되었기 때문입니다. 그 이유는 몇 가지가 있습니다. 첫째, 일본에 최신 군함을 보다 쉽게 조달할 수 있는 경로가 만들어졌습니다. 둘째, 영국이 지배하고 있는 다른 지역의 협력을 얻을 수 있었습니다. 직접적인 군사적 도움은 아니라 해도 최소한 보급 등의 간접적 지원은 가능했습니다. 이것은 일본의 군사적 능력을 한층 높이는 계기가 되었습니다.

시베리아 횡단철도의 탄생

많은 나라가 영국과 일본의 동맹으로 긴장했는데요, 하지만 그렇지 않은 나라도 있었습니다. 이때 중요한 요인 중 하나는 지리적 환경입니다. 지리적 환경이 정치, 경제, 국제 관계 등 국가에 미치는 영향을 살펴보는 학문을 지정학이라고 하는데, 이를 체계화하고 학문으로 정립한 나라가 영국입니다. 당시 영국의 여러 학자가 분석한 바에 따르면, 영국 해군의 해상 봉쇄가 사실상 무의미한 국가가 세계적으로 몇 개 존재했습니다. 미국 등이 대표적인 국가였는데요, 이러한 분석을 기반으로 영국은 카리브에 대한 주도권을 내려놓고 아메리카 대륙에서 미국의 정책을 인정했습니다. 그리고 그 외 대표적인 국가가 바로 러시아였죠.

러시아는 아시아부터 유럽까지 영토가 이어져 있어 사실상 그 중심이 영국의 해상 봉쇄에서 벗어나 있었습니다. 여기에 러시아는 내륙에 이른바 '철도'라고 불리는 자국만의 항로를 갖고 있었습니다. 이 철도 덕분에 러시아는 대영제국 해군이 간섭할 수 없는 나라가 되었죠. 러시아는 자국의 영향력을 강화하기 위해 철도를 적극적으로 활용했습니다. 영토를 연결하는 과정에서 시베리아 횡단철도와 같이 전 세계에서 가장 긴 철도를 부설했고, 이렇게 부설한 철도로 사실상 대부분의 것을 운송할 수 있었습니다.

그럼에도 이 철도 끝에 항구가 연결되면 그 시너지 효과가 엄청날 수 있고, 특히 그것은 영국의 영향력에 심대한 타격을 줄 수 있었습니다. 사실상 영국의 열쇠를 무용지물로 만들 수 있었죠. 그것이 바로 '그레이트 게임'이라 불리는 영국과 러시아 간의 대결이라고 할 수 있습니다. 하지만 사실 대결이라기보다는 영국의 위협 인식이라고 하는 것이 더 정확합니다. 러시아는 '열차'라는 배를 타고 중국으로 갈 수도, 유럽으로 갈 수도 있었습니다. 심지어 조선까지도 갈 수 있었습니다. 좀더 노선을 확장할 경우 중앙아시아를 거쳐 인도, 동남아시아까지 접근이 가능합니다.

러시아의 철도는 해군만으로는 봉쇄할 수 없는 항로였고, 속도와 안전 역시 당시 선박과 비교해 그리 뒤처지지 않았습니다. 이 때문에 러시아 철도 노선이 길어지고 확장될수록 러시아의 국력은 점점 커져갈 것으로 보였습니다. 당연히 이에 비례해 영국의 두려움 역시 커졌고요. 그렇기 때문에 실제 영국이 막고자 했던 것은 러시아의 부동항이 아니라 철도라고 할 수 있었죠.

러시아는 모든 나라가 불가능할 것이라고 했던 일을 해냈습니다. 고비사막을 지나고 툰드라 지대를 관통하는 시베리아 횡단철도를 완공한 것입니다. 이에 일본도 영국과 비슷한 두려움을 느끼기 시작했습니다. 한편에서는 이러한 위협을 정책적으로 활용하기 시작했습니다. 흔히 이것을 '프로파간다'라고 하는데 일본에 퍼진 '러시아 위협론', '공아론(恐我論)'입니다. 러시아 위협론은 시베리아 횡단철도로 완성되었습니다. 이러한 두려움은 러시아 황태자가 일본을 방문했을 때 그에 대한 테러까지 일어날 정도로 극단적이었죠.

러시아 위협론을 가장 강력하게 주장한 사람은 일본 육군의 아버지라고 불리는 야마가타 아리모토(山縣有朋, 1838~1922)였습니다. 야마가타는 러시아 위협론을 군사력 팽창에 적극 활용했습니다. 그는 청일전쟁 이전에는 '강청정책'을 주장했지만 이후 '공아론'을 주장합니다. 그는 청일전쟁 이전까지는 청의 위협을 적극적으로 활용했고, 이후에는 러시아의 위협을 적극적으로 활용해 육군 확대의 필요성을 주장했던 것이죠. 그는 일본의 영토, 즉 '주권선(主權線)'을 지키기 위해서는 이른바 '이익선(利益線)'이라는 것을 확보해야 한다고 주장했습니다. 그는 이익선을 군사적인 완충 범위까지 확대해서 확보해야 한다고 주장했죠. 즉 대한해협만으로는 이익선이 될 수 없으며, 러시아의 위협을 막기 위해서는 한반도까지 확보해야 제대로 이익선 역할을 할 수 있다는 것이었습니다. 그의 주장은 구실이었고, 명목이었을 뿐입니다. 내막은 대륙을 침략하기 위한 교두보가 필요한 것이었습니다. 그 명분을 위해서 이익선이라는 주장을 활용한 것이었죠. 처음에는 대한제국을 교두보로 중국 동북 지역까지 침략하고, 그다음에 이곳을 교두보로 삼아 중국을 확보하고자 한 것입니다. 실제 이러한 그의 주장은 제1차 세계대전 이후 구체화되었고, 결국 바이칼호 일대까지 점령했습니다. 물론 러일전쟁 당시까지는 그 이익선의 한계가 대한제국이었죠. 그렇기 때문에 대한제국을 확보하지 않으면 일본의 주권선이 침해받을 것이라고 주장했습니다.

열강의 각축장이 된 한반도

당시 세계 정세를 볼 때, 러시아가 동아시아로 진출하기 위해서는 중요한 조건이 충족되어야 했는데, 바로 서쪽 방면의 안전이었죠. 지금도 마찬가지지만 러시아의 핵심 지역은 모스크바와 상트페테르부르크가 있는 러시아 서부, 즉 유럽 러시아 지역이었습니다. 이 지역은 중부 유럽 국가와 인접해 있죠. 가장 대표적인 국가가 바로 독일입니다. 따라서 독일의 위협이 제거되지 않은 상태에서 러시아의 동아시아 진출이란 불가능했습니다.

일본의 러시아 공포가 실현되기 위해서는 독일과 러시아 간의 화해가 진행되어, 러시아가 서부 지역의 군대를 동아시아로 이동시켜도 서부 지역의 안보에 문제가 없어야 했습니다. 이 무렵 독일은 비스마르크 하야 이후 '세계 정책'을 추진하면서 해군력을 강화하고 있었습니다. 따라서 독일 역시 러시아와 분쟁을 최소화할 필요가 있었죠. 독일이 해군력을 강화해 다른 서구 열강들처럼 아프리카와 아시아로 진출하기 위해서는 독일에 대한 러시아의 군사적 압박이 약해져야 했습니다. 러시아와 독일 간의 우호적 관계는 러시아가 다른 지역으로 병력을 옮길 수 있다는 것을 의미합니다.

독일과 러시아의 관계는 일본에만 중요한 것이 아니었습니다. 러시아의 동아시아 팽창은 미국의 태평양 정책에도 영향을 주었죠. 특히 미국은 1898년 미국-스페인전쟁 이후 필리핀을 식민지로 확보하면서 태평양 정책을 적극적으로 추진하고 있었습니다. 이 태평양 정책은 파나마운하 착공으로 구체화되었죠. 따라서 미국은 일본을 앞세워 러시아의 동아시아 팽창을 견제할 필요가 있었습니다.

이처럼 일본은 한마디로 러시아와 독일의 팽창을 우려하던 영국과 미국의 첨병이라고 할 수 있었습니다. 당시에도 이러한 세계 정세는 여러 풍자화를 통해 묘사되었습니다. 영국과 미국으로 보이는 사람들이 일본으로 보이는 꼬마 병정을 러시아를 향해 밀고 있는 삽화라든지, 거인 러시아와 꼬마 병정 같은 일본이 링 위에 올라와 있는 삽화 등입니다. 영국과 미국은 그 꼬마 병정이 러시아라는 거인을 쓰러뜨리는 모습을 기대하고 있었습니다. 그렇기 때문에 러일전쟁을 열강 간의 각축전이자 대리전이라고 이야기했습니다.

당시 러시아와 중국의 관계도 주목할 필요가 있는데요. 앞에서도 언급한 바와 같이 중국은 당시에도 엄청난 시장이었죠. 당시 중국에 대한 여러 묘사 중 대표적인 표현은 '4억 명의 인구'라는 것이었습니다. 중국은 당시 전 세계에서 가장 큰 소비처이자 생산처였죠. 이것은 비단 귀중품에만 해당하는 것이 아니었습니다. 단적으로 4억 명의 인구가 입는 옷만 해도 그 양이 엄청납니다. 이런 논리는 상당히 설득력이 있었는데요, 실제로 당시 영국과 미국 등의 수출 현황을 살펴보면 대중국 비중이 상당 부분을 차지함을 알 수 있습니다.

이런 논리에 끌린 것은 미국만이 아니었죠. 러시아 역시 예외는 아니었습니다. 후발 국가인 러시아가 중국에서 다른 선발 국가를 넘어서기 위해서는 물건을 팔 수 있는 시장과 원료를 공급할 수 있는 생산지가 필요했습니다. 가장 좋은 곳은 동북아시아였죠. 동북아시아에는 중국뿐 아니라 조선과 일본도 있었습니다. 그렇기 때문에 당시 러시아의 재무부 장관이던 세르게이 비테(Sergei Witte, 1849~1915)는 동청철도를 반드시 확보함은 물론, 시베리아 횡단철도의 조속한 완공을 강력하게 주장했습니다.

1898년 러시아는 중국과 협상을 통해 뤼순을 조차했습니다. 이후 이곳에 해군 기지를 건설했습니다. 그 결과 한반도를 중심으로 한쪽에는 뤼순항이, 그 반대편에는 블라디보스토크항이 건설되었고, 그 사이를 철도로 연결했죠. 이를 통해 해양과 대륙을 통해 한반도를

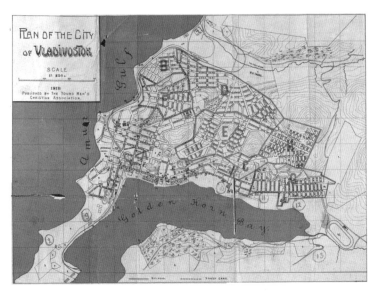

블라디보스토크 도시 계획 지도(1918).
출처: 미국 의회도서관.

완벽하게 포위했습니다. 대륙 침략을 모색하던 일본에 이러한 상황
은 최악이었죠.

　이런 상황에서 또 다른 변수가 발생했습니다. 일본이 시베리아
횡단철도에 대응해 한반도에 경부철도를 부설하기 시작한 것입니
다. 일본은 철도 부설을 위한 회사를 설립했지만, 사실상 일본 육군
주도하에 조선인을 강제로 동원해 유례없이 빠른 속도로 철도를 부
설했고, 그 결과 1904년 초 거의 완공했습니다.

　만약 일본이 경부선을 완공한 이후에 추가로 연장해 의주까지 노

선이 올라오면, 러시아가 시베리아 횡단철도를 이용해 병력을 증원하는 것보다 더 신속하게 일본군이 병력을 증원할 수 있다는 것은 불을 보듯 명확했습니다. 즉 러시아와 일본 간에 실제 전쟁이 일어나기도 전에 철도 부설을 두고 경쟁하면서 사실상 전쟁이 시작된 것과 마찬가지였죠. 결국 경부선 공사가 시작된 직후인 1904년 2월 일본의 기습으로 러일전쟁이 일어났습니다.

일본군은 이 전쟁에서 두 가지를 확보하는 데 사활을 걸었는데요, 첫째는 한반도이며, 다른 하나는 뤼순이었습니다. 이를 통해 후방의 안정과 제해권을 확보하고자 했는데, 이는 전쟁을 시작하면서부터 일본이 갖고 있던 결정적인 약점입니다. 바로 대한해협인데요. 만일 일본이 전쟁 중 러시아 함대에게 대한해협을 봉쇄당할 경우 일본군은 완전히 고립될 가능성이 있었습니다. 이것은 일본이 가장 우려하는 시나리오였고, 따라서 뤼순항 혹은 블라디보스토크항 중 하나는 반드시 봉쇄하여 러시아 태평양 함대의 자유로운 운용을 막아야만 했죠. 뤼순이 당연히 먼저였습니다. 블라디보스토크항은 이미 오래전부터 요새화가 진행되어 있었기 때문에 점령하기가 쉽지 않았고, 한반도를 통해 랴오둥반도를 봉쇄할 경우 뤼순항을 고립시킬 수 있기 때문입니다. 여기에 일본 해군의 주장 역시 반영되어 결국 뤼순항을 기습 봉쇄하고, 최종적으로는 뤼순항의 러시아 함대를 무력화시키는 것으로 일본군은 작전 계획을 짰습니다.

뤼순을 확보하는 데는 또 하나의 중요한 장점이 있었는데, 바로 발해만을 확보할 수 있다는 것이었죠. 발해만 확보는 서해의 제해권 확보와 직결됩니다. 가장 결정적으로 서해의 제해권은 대한제국의 심장이라고 할 수 있는 한양으로 접근하기에 유리하다는 이점이 있었습니다. 러시아 역시 이를 잘 알고 있었죠. 그렇기 때문에 러시아 역시 서해 쪽으로 선점 부대를 파견했습니다. 바로 러시아의 용암포 점령 사건입니다. 러일전쟁의 각 사건은 이런 관계를 가지고 서로 연결되어 있습니다.

일본이 만들어낸 뤼순전투의 환상

러일전쟁 개전 직후에 가장 중요한 사건이 벌어졌습니다. 일본이 한반도를 장악하려면 우선 인천에 함대를 주둔시키고, 한양에 효율적으로 병력을 보내야 했는데요, 청일전쟁 때와 다르게 당시 인천의 제물포항에는 이미 러시아 함대가 들어와 있었죠. 그 결과 일본의 기습은 제물포 해전부터 시작했습니다.

일본은 제물포에서 기습적으로 러시아 분함대를 공격했습니다. 당시 제물포에는 러시아의 장갑순양함 바랴크호와 포함 코리에츠호 2척 외에 영국, 프랑스, 이탈리아, 미국 등의 군함이 함께 있었습니다. 일본 연합함대는 제물포 앞에서 러시아 함대만 공해상으로 나오도록 요구했고, 만일 이에 따르지 않을 경우 국적을 가리지 않고

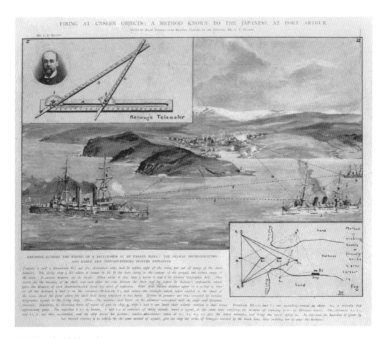

일본 해군의 뤼순항 공격.
출처: *The Illustrated London News*(1904. 04. 16).

공격하겠다고 협박했죠. 그 결과 러시아 함대는 타국 함대에게 피해를 줄 수 없다는 이유로 결국 공해상으로 나오게 되었습니다. 이 과정에서 러시아 태평양 함대 소속의 바랴크호와 코리에츠호는 일본 연합함대 10척의 집중 포격을 받았고, 더 이상 항전이 불가능해지자 바랴크호 등은 결국 자침을 선택했습니다. 러일전쟁의 개전입니다.

지금도 뤼순항 인근의 203고지라는 곳에 가면 총탄 모양의 '충혼비'가 있습니다. 러일전쟁에서 승리한 일본이 뤼순전투 당시 203고

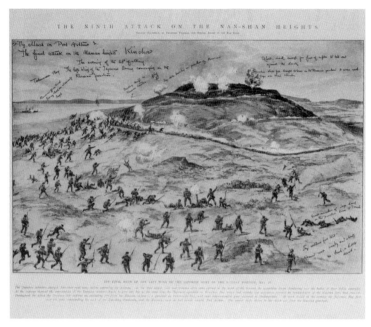

일본군의 뤼순 요새 공격.
출처: *The Illustrated London News*(1904. 07. 02).

지 점령을 기념해 만든 것입니다. 그 크기와 모양이 매우 인상적이죠. 이 비는 일본이 러일전쟁, 특히 뤼순전투 당시 203고지 전투를 어떻게 기억하고 있는지 잘 보여줍니다. 물론 현재 있는 충혼비는 중국 문화대혁명 당시 파괴된 것을 복원한 것입니다.

이 기념비의 형상을 자세히 살펴보면 당시 일본 육군에서 사용하던 30년식 소총의 탄환 모양이라는 것을 알 수 있습니다. 보병의 개인화기를 소총이라고 하는데, 203고지의 기념비를 당시 일본 육군의 소총탄을 본떠 만든 데는 이유가 있습니다. 바로 203고지를 보병 돌격으로 점령했다는 의미를 강조하기 위함입니다. 수많은 일본군이 이 고지를 점령하기 위해 돌격했고, 약 1만여 명이 이 과정에서 죽었습니다. 뤼순전투 당시 죽은 병사가 약 3만 명인데 그 3분의 1이 203고지를 향해 돌격하던 중에 죽었다는 것입니다. 그러니 일본군 입장에서는 그들이 들고 돌격했던 30년식 소총이 점령한 고지라는 상징적 의미를 만천하에 보여주고 싶었을 것입니다.

이러한 상징성은 이후 일본의 국민 작가라고 할 수 있는 시바 료타로(司馬遼太郎, 1923~1996)의 소설에서 더욱 극적으로 묘사되었죠. 시바 료타로는 러일전쟁을 무대로 『언덕 위의 구름』을 집필하면서 당시 전투에 참가한 일본군에 대해 "메이지 국가는 일본 서민이 국가라는 것에 처음으로 참가할 수 있었던 집단적 감동의 시대였고, 말하자면 국가 그 자체가 강렬한 종교적 대상이 되었다. 203고지에서 일본군 병사가 경탄할 만한 용감성을 발휘한 근저에는 이러한 역사적 정신과 사정이 깃들어져 있었다"라고 표현했습니다. 메이지와 일본이라는 국가에 대한 국민의 애국심을 마치 종교적 신념처럼 묘사한 것입니다.

시바 료타로는 러일전쟁을 성전으로, 전사는 순교로 포장했죠. 시바 료타로의 뤼순전투, 특히 203고지 전투에 대한 묘사는 당시 전투를 지휘한 노기 마레스케(乃木希典, 1849~1912)와 고다마 겐타로(兒玉源太郎, 1852~1906)를 비교하면서 더욱 극적으로 변했습니다. 시바 료

전쟁으로 보는 한국 근대사

타로는 노기 마레스케를 무능력한 우장(愚將)으로 묘사한 반면 고다마 겐타로는 탁월한 지휘관으로 묘사했죠.

하지만 일제강점기 언론은 노기를 뛰어난 인품을 지닌 메이지시대 군인의 본보기로 묘사했습니다. 특히 그의 두 아들이 러일전쟁 중에 전사했고, 그중 차남 야스스케는 바로 203고지 전투에서 전사했기에 그에 대한 초기 비판은 상당히 수그러든 상태였죠. 엄청난 희생에도 불구하고 뤼순전투에서 승리하자 노기는 일본의 영웅으로 추대되었고, 전후 세계 각국에서도 그에게 각종 훈장을 수여했습니다. 결정적으로 언론에서 뤼순전투 이후 러시아군에 대한 노기의 신사적 행동을 적극적으로 보도하면서 그를 명예를 중시하는 신사적인 군인으로 평가합니다. 이제 그는 러일전쟁 이후 명실상부 일본을 대표하는 군인이 된 것입니다.

또한 언론에서 묘사한 노기는 모든 전공(戰功)을 독식하는 장군이 아니었는데요. 그는 병사를 전쟁 도구로 여기지도 않았고, 러일전쟁의 승리는 일본 국민의 희생을 통해 이뤄진 것이기에 진정으로 슬퍼하는 인간적인 장군이었다는 겁니다. 언론에서는 그가 전몰 장병에 대한 책임을 지기 위해 자결까지 결심했으나, 메이지 일왕의 만류로 그만두었다고까지 보도했습니다. 당연히 일왕은 이를 만류할 수밖에 없었을 것입니다. 만일 노기가 자결한다면, 그들을 전쟁터로 내몬 일왕 역시 그 책임에서 벗어날 수 없기 때문이죠. 언론은 일왕이 "자결하더라도 자신이 죽은 다음이어야 한다"면서 노기를 만류했다고 묘사했습니다. 이처럼 노기는 당시 언론이 만들어낸 대표적인 영웅이었죠.

문제는 최근 한 역사 관련 프로그램이 러일전쟁과 203고지 전투 등을 설명하면서 당시 언론이 만든 노기의 모습과 시바 료타로가 소설에서 묘사한 러일전쟁의 내용을 별다른 비판 없이 그대로 인용했다는 점입니다. 해당 프로그램에서 전문가가 부연 설명한 내용은 다음과 같습니다. "노기의 지휘를 더 이상 두고 볼 수 없던 일본 육군은 대만 총독 출신의 고다마 겐타로에게 지휘를 맡겼고, 고다마 겐타로는 노기의 돌격 위주 정공법에서 벗어나 해안포를 투입하여 결국 203고지와 뤼순항을 점령할 수 있었다." 시바 료타로가 소설 속에서 묘사한 무능력한 노기, 그리고 203고지 전투 상황과 별반 차이가 없습니다.

당시 언론 보도 속의 노기와 시바 료타로의 소설 속 노기 그리고 시바 료타로의 역사관에 가까운 입장에서 설명한 역사 관련 프로그램 속의 노기, 과연 어떤 노기 마레스케가 실제에 가까울까요? 당시 뤼순에서는 실제로 무슨 일이 있었을까요? 전투에 대한 역사이므로 당연히 군사적 측면을 중심으로 살펴보겠습니다.

일본 해군은 러시아 태평양 함대를 전멸시키지 못했고, 결국 육군에 구원을 요청합니다. 이에 일본 육군은 노기를 지휘관으로 삼아 3군을 편성해 뤼순 방면에 투입했죠. 즉 일본 해군의 작전 실패와 육군의 투입 그리고 작전의 장기화라는 뤼순전투의 전개 과정이 역사 프로그램에서 생략되었다는 점을 알 수 있습니다. 이것은 러일 전쟁 당시 일본군의 상황이 그리 좋지 않았다는 것을 보여줍니다.

노기의 3군은 총 네 차례에 걸친 총공격 끝에 뤼순의 외곽 방어선을 무력화시켰고, 결국 뤼순의 러시아 수비군은 항복합니다. 이때 시바 료타로의 소설 속 묘사처럼 일본 육군은 중포를 적극적으로 활용해 러시아군에 막대한 타격을 입혔습니다. 하지만 이러한 공격만으로 러시아군의 진지를 점령할 수는 없었고, 오히려 러시아군에 결정적 피해를 입힌 것은 시간이었죠. 당시 러시아군은 일본 중포를 능가하는 대포를 다수 보유하고 있었는데요, 바로 함포입니다.

뤼순항에는 많은 러시아 군함이 정박해 있었고, 이 러시아 군함에는 많은 함포가 탑재되어 있었습니다. 이 함포가 뤼순전투 때 그냥 쉬고만 있었던 것은 아니었죠. 러시아 군함에 탑재된 함포는 방어 작전 시 직간접적으로 지원 사격에 투입되었고, 여기서 발사한 함포는 일본 육군에 막대한 타격을 주었습니다. 하지만 함포 지원은 일본 육군의 3차 공격 이후 더 이상 지속되지 못했죠. 탄약이 없었기 때문입니다.

일본군의 3차 공격 때 러시아군은 거의 수류탄과 소총에 의지해 전투를 지속했지만, 4차 공격 당시에는 그마저도 대부분 떨어진 상태였죠. 러시아군은 사실상 2월부터 포위된 상태에서 탄약 등의 물자를 제대로 보급받지 못하고 있었습니다. 러시아군의 사상자가 가장 많이 발생한 것 역시 4차 공격 때였죠. 고다마 겐타로가 부임한

때가 바로 4차 공격 때입니다.

뤼순전투가 종료된 이후 항복문서에 조인할 당시 남아 있던 러시아 수비군은 약 3만 2,400여 명이었습니다. 그리고 그들이 갖고 있던 전체 탄약은 20만 7,855발이었습니다. 남아 있는 탄약이 많은 것 같아 보이지만, 이것을 개인당 탄약으로 계산해보면 러시아군은 거의 탄약을 소진했다는 것을 알 수 있죠. 남아 있는 탄약이 전부 소총탄이라고 해도 러시아군은 개인당 6.4발 정도밖에 남아 있지 않은 상태였기 때문입니다. 청산리전역 당시 일본군이 1회 전투 시 필요한 소총 탄약량을 200발로 계산한 것에 비교하면 그 양이 얼마인지 짐작할 수 있습니다.

뤼순항의 러시아군은 개전 직후 일본 해군의 기습으로 고립되어 약 11개월간 방어전을 지속했습니다. 5월 이후에는 육상의 지원조차 기대할 수 없는 상황이었고, 뤼순 요새는 그로부터 12월까지 전투를 이어갔죠. 우리나라 고등학교 교과서에서는 러일전쟁에서 일본이 승기를 잡는 결정적인 계기를 일본의 발트함대 격파와 뤼순항 점령이라고 설명합니다. 하지만 일본 연합함대를 뤼순항에 11개월간 붙잡아두었고, 5월부터 약 3만 명의 사상자를 내며 일본 주력부대를 소진시킨 뤼순항 전투는 사실상 일본군의 작전 실패라 해도 과언이 아니었습니다.

전쟁으로 보는 한국 근대사

발트함대의 패배

1904년 초 러시아와 일본의 외교 교섭이 성과 없이 끝난 직후 일본이 선제공격을 하면서 러일전쟁은 시작되었죠. 일본 해군은 제물포에서 러시아 해군을 선제공격했고, 이어 뤼순항을 기습 공격했습니다. 러시아의 태평양 함대를 뤼순항에 몰아넣고 봉쇄한 후 무력화시켜 서해의 제해권을 완전히 장악할 목적이었죠.

러시아 역시 가만히 당하고만 있지는 않았습니다. 동원령을 발령해 병력을 소집하고, 집결한 부대를 동북아시아로 이동시켰죠. 부대는 시베리아 횡단철도를 타고 중국 동북 지역과 러시아 연해주로 향했습니다. 러시아는 육군뿐만 아니라 해군 역시 증원했는데, 8월에는 발트함대를 제2태평양 분함대로 편성해 동북아시아를 향해 이동하도록 명령했습니다. 이 함대의 임무는 뤼순항에 갇혀 있는 태평양 함대를 구출해 제해권을 장악하는 것이었죠.

발트함대의 상당수는 수에즈운하를 통과할 수 있었지만, 신형 전함이 포함된 주력함이 문제가 되었는데요. 이들은 희망봉을 돌아 집결지로 향했습니다. 영국이 의도적으로 수에즈운하의 통과를 막았다고 이야기하는 사람도 있지만, 당시 영국은 수에즈운하 사용에 대해 중립을 선언했기에 러시아 함대도 운하를 통과할 수 있었죠. 다만 러시아 주력 전함 중 특히 신형 전함의 경우 수에즈운하의 통과 규격보다 폭이 넓어 통과할 수 없었기 때문에 희망봉으로 우회한 것입니다. 물론 발트함대의 구형 전함 중 상당수는 수에즈운하의 통과 규격에 적합해 별문제 없이 중간 집결지로 향할 수 있었습니다.

당시 영국 등 주요 서방 언론도 러시아 함대의 수에즈운하 통과를 자연스럽게 보도했고, 우리나라 언론(《제국신문》 1905. 3. 17; '발트함대가 소환되어 수에즈운하를 통과함')도 이를 보도했습니다. 그런데 우리나라 역대 교과서에서는 일본 연합함대가 러시아 발트함대를 상대로 승리할 수 있었던 것은 영국이 러시아 함대의 이동을 방해했기 때문이라고 설명하고 있었는데요. 석탄 같은 연료 보급 등을 영국이 거부한 것은 맞지만, 수에즈운하의 사용까지 억지로 차단해 러시아 발트함대가 어쩔 수 없이 희망봉까지 우회하도록 했다는 것은 사실이 아닙니다.

영국의 시간 끌기가 과연 동맹국 일본에 도움이 되었을까 하는 점도 짚어봐야 합니다. 잘 알려진 것처럼 미국에 중재를 요청한 것은 일본입니다. 그만큼 전쟁 지속이 어려운 상황이었기 때문이죠. 러시아 역시 내부 문제로 더는 전쟁을 지속하기 어려웠습니다. 그래도 누가 더 절박한 상황에 직면했는지 평가한다면 아무래도 일본이라 할 수 있습니다.

일본은 애초에 단기 결전을 목표로 전쟁을 시작했기 때문에 개전 후 얼마 지나지 않아 준비한 물자를 거의 소진했습니다. 여기에 약 7개월간의 뤼순 공방전을 거치면서 5만 명 이상의 사상자가 생기고 막대한 자원을 소모한 상태였고, 기대했던 봉천회전(봉천전투)에서도

전쟁으로 보는 한국 근대사

극동을 향한 발트함대의 준비: 러시아 크론시타트를 떠나는 함대.
출처: *The Sphere*(1904. 09. 24).

이렇다 할 성과를 올리지 못했습니다. 반면 러시아는 애초부터 장기전을 목표로 하고 있었죠. 그리고 개전 직후부터 출발하기 시작한 증원 부대가 도착하면서 이른바 '피의 일요일' 이전까지 증원된 병력 규모만 해도 이미 일본 육군을 상회했습니다. 게다가 뤼순의 러시아 태평양 함대가 봉쇄된 상태였음에도 불구하고, 블라디보스토크 태평양 분함대가 게릴라전을 수행하면서 일본에 막대한 타격을 입히고 있었죠. 오히려 발이 묶인 것은 일본군이었습니다.

러일전쟁 개전 직후 일본 해군은 성공적으로 뤼순항을 기습해 봉쇄하는 데 성공했지만, 러시아 함대가 신속하게 항구로 철수하면서 애초 목표한 무력화에는 실패했습니다. 일본 해군은 뤼순항 봉쇄를 계속 유지할 수밖에 없었고, 배후에서 뤼순항을 점령하는 작전에 육군을 투입해야 했죠. 문제는 일본 육군이 뤼순항을 점령하는 데 상당한 시간이 걸리면서 러시아 함대를 봉쇄하는 데 투입한 일본 함대 역시 뤼순항에 계속 발이 묶여버렸다는 것입니다. 이것은 결과적으로 일본 해군의 전력 공백으로 이어졌고, 이 공백은 자연스럽게 러시아 블라디보스토크 태평양 분함대의 작전 공간으로 변했습니다. 그 공간 중에는 일본군의 인후부라고 할 수 있는 당시 조선해협, 지금의 대한해협이 있었습니다.*

---

* 1904년 당시 전 세계에서 가장 널리 사용 중이던 영국 수로국 해도에도 'Korea Strait'라고 표기되어 있고, 일본이 사용 중이던 해도 역시 '朝鮮海峽'이라고 되어 있었다. 'Korea Strait'라는 명칭은 19세기 중반부터 지금까지 영국 수로국 지도에서 단 한 번도 변경된 적이 없다.

러일전쟁 중 블라디보스토크에 주둔한 러시아 태평양 분함대는 2월 8일 첫 출항을 시작으로 일본을 봉쇄하는 작전에 착수했습니다. 불과 7척의 함대로 일본 열도 전체를 봉쇄한다는 것은 사실상 불가능했습니다. 하지만 역으로 일본 해군 역시 일본 열도 전체를 방어하기가 무척 어려웠고, 뤼순항에 일본 함대가 계속 묶이게 되면서 상황은 더욱 악화되었죠.

블라디보스토크 태평양 분함대는 일본으로 향하는 상선에 무차별 공격을 가했고, 이 과정에서 15척의 상선이 침몰했습니다. 침몰한 상선의 규모는 미미했지만, 운송상의 위험을 무시할 수는 없었습니다. 이것은 당연히 운송 비용의 상승으로 직결되었죠. 운송 비용의 상승은 수출입에 대부분의 자원을 의존하는 일본 경제에 적지 않은 문제를 일으켰습니다.

군사 측면에서도 블라디보스토크 태평양 분함대는 일본에 막대한 피해를 주었죠. 일본 함대와의 직접적인 교전은 회피하면서 주로 해저 케이블을 절단하거나 수송선을 공격했습니다. 해저 케이블 절단은 지휘 통제에도 막대한 영향을 끼쳤는데요. 주요 통신 케이블이 지나는 곳에 분함대가 출현하자 일본은 다케시키, 오키노시마, 쓰노시마, 쓰시마 등에 함대를 분산 배치할 수밖에 없었습니다.

결정적으로 6월 15일 블라디보스토크 태평양 분함대는 당시 조선해협에서 일본 육군 증원 병력을 수송하던 히타치마루호를 격침시켰습니다. 이로 인해 여기에 타고 있던 약 1,000여 명의 병력이 조선해협에 수장되었죠. 이 소식은 "The fight in Korea Strait"라는 제목으로 영국을 비롯한 전 세계 신문에 보도되었습니다. 일부 신문에서는 이를 '러시아의 역습'이라고 보도할 정도로 중요하게 다뤘죠. 그만큼 전황은 점차 러시아에 유리해지고 있었고, 개전 초 일본군의 우세는 점차 불투명해지고 있었습니다.

이후 일본 해군은 '울산 해전'에서 '조선해협 해전'의 치욕을 일부 만회합니다. 울산 해전은 러시아 태평양 함대의 뤼순항 탈출을 지원하기 위해 블라디보스토크 태평양 분함대 일부가 울산 인근 해역을 지나다가 일본 해군과 조우해 벌어진 해전입니다. 여기서 러시아 군함 한 척이 격침당했습니다. 그럼에도 나머지 블라디보스토크 태평양 분함대는 계속해서 일본 인근 해역에 출몰하며 임무를 수행했습니다.

러일전쟁 당시 블라디보스토크 태평양 분함대의 활동은 전후 일본이 도쿄를 비롯해 주요 해안 도시에 요새를 건설하는 계획을 세우는 결정적 계기가 되었습니다. 이러한 요새지는 주요 도시에 적절한 방어를 제공하기 위한 것이었지만, 다시 생각해보면 뤼순항에 묶여버린 일본 함대와 육군처럼 많은 군대가 도시 방어에 묶여버리는 역효과를 낳을 수 있었죠. 일본은 요새 건설에 막대한 군사비를 투입했습니다. 하지만 이 요새는 프랑스의 마지노 요새(마지노선)와 별반 다를 바 없이 쓸모가 없었습니다.

승전국도 패전국도 없는 전쟁

러시아 역시 그리 녹록한 상황은 아니었죠. 1905년 1월 22일 제정러시아의 수도 상트페테르부르크에서 이른바 '피의 일요일'이라는 사건이 벌어졌습니다. 러시아 민중들이 시위를 했는데 경찰이 발포해 수백 명이 죽고 수천 명이 다친 이 사건은, 이후 러시아 혁명으로 이어집니다. 이렇듯 러시아 내부에 심각한 문제가 일어나 전쟁을 지속하기 어려운 상황이 되었습니다. 그래도 더 심각한 것은 일본이었죠.

1909년 10월 26일 하얼빈역에서 안중근 의사는 이토 히로부미를 사살했습니다. 한국인으로서 그리고 의병으로서 일본의 침략에 맞서기 위한 것이었습니다. 하지만 이때 안중근 의사를 체포한 사람들은 일본 군인들이 아닌 러시아 군인들이었죠.

우리가 알고 있는 포츠머스회담 결과에 따르면, 러일전쟁에서 패배한 러시아는 만주에서 철수함과 동시에 하얼빈을 비롯한 원래 청의 영토를 반환하고, 결정적으로 남만주철도(하얼빈에서 뤼순까지 이어지는 노선) 역시 일본이 장악하고 있어야 합니다. 그런데 하얼빈에 있는 러시아 군인들은 대체 무슨 이유로 그 자리에 있었던 것일까요?

여기에 대한 첫 번째 가능성으로 포츠머스회담 이후 러시아와 일본이 새로운 조약을 체결했다는 것을 들 수 있습니다. 우리는 1909년 이전 러일 간에 밀약이 있었다는 사실을 잘 알고 있습니다. 하지만 말 그대로 밀약은 밀약일 뿐, 공식적인 조약을 대체할 수는 없죠. 공공연하게 다른 국가의 주요 도시에 군대를 배치하는 등의 행위를 밀약 따위로 행하기는 어렵습니다.

그렇다면 우리는 포츠머스회담을 사실과 조금 다르게 이해하고 있는지 모릅니다. 포츠머스회담은 1904년 2월 일본이 기습적으로 시작한 러일전쟁을 종결짓기 위해 미국의 루스벨트 대통령이 중재해 미국 포츠머스에서 이루어진 러시아 대표와 일본 대표 간의 회담을 말합니다. 이 회담은 러시아와 일본 간의 강화 조약으로 이어졌으며, 이 조약 체결과 비준으로 전쟁은 끝이 났습니다.

사전에서 포츠머스회담 항목을 찾아보면 대표적으로 다음의 사항을 합의한 것으로 되어 있습니다.

첫째, 러시아는 한국에 대한 일본의 지도 보호 감리 조치를 승인한다.
둘째, 러시아는 중국의 동의를 조건으로 러시아의 관동주 조차지와 창춘-뤼순 간 철도를 일본에 양도한다.
셋째, 러시아는 북위 50도 이남의 사할린섬 남쪽을 일본에 양도한다.
넷째, 러시아는 동해, 오호츠크해 및 베링해 연안의 어업권을 일본에 양도한다.

이것만 보면 놓고 보면 일본의 분명한 승리입니다. 하지만 실제 조약은 15개 항으로 되어 있습니다. 각 조항을 살펴보면 1조는 이 조약을 통해 강화가 성립되었다는 것을 명시합니다. 즉 조약의 목적

전쟁으로 보는 한국 근대사

이 종전이라는 점을 분명히 하고 있죠. 2조는 우리가 교과서 등에서 가장 중요하게 언급하고 있는 내용입니다. "러시아는 일본이 한국에 대해 정치, 군사 및 경제적으로 우월한 권리를 갖는다는 것을 인정하며, 한국에 필요하다고 인정되는 일본의 지도, 보호 및 감리 조치를 방해하거나 간섭하지 않는다. (……) 다만 러시아와 한국 국경 사이에 러시아와 한국의 안보를 위협할 수 있는 어떠한 군사적 조치도 취해서는 안 된다"라는 내용입니다. 2조에는 '다만'이라는 단서가 붙습니다. 이것은 러시아가 한국에 대한 일본의 우월한 권리를 인정하는 대신 추가한 내용입니다. 이 때문에 훈춘 등 한국과 인접한 지역에 한인 사회를 건설하고, 독립운동 기지까지 세워질 수 있었습니다. 특히 봉오동 같은 경우는 그 건너편에 일본군 초소가 있었음에도 한인들이 거주하며 독립운동 기지를 건설할 수 있었습니다.

3조는 랴오둥반도의 러시아 조차지 등을 일본에 양도하며, 이를 제외한 만주 전 지역에서 러시아군과 일본군이 철수하고, 중국 행정력을 복원한다는 내용을 담고 있었습니다. 하지만 이 역시 별도의 세부사항을 포함하죠. 철수 기한은 18개월 이내이며, 양국의 전방 부대부터 철수하도록 되어 있었는데, 이것은 전쟁 전으로 돌아가는 것을 의미했습니다. 왜냐하면 3조에서는 일명 '철도수비대'라는 러시아군의 잔류를 허용했기 때문입니다. 더욱이 러시아가 일본에 양도한 철도는 하얼빈부터가 아니라, 이미 일본군이 점령한 창춘 아래의 남만주철도만 해당되었습니다. 창춘부터 하얼빈까지 이르는 철도 노선에는 여전히 러시아 철도수비대가 있었기 때문에 하얼빈에도 러시아 철도수비대, 즉 러시아군이 주둔하고 있었죠. 안중근 의사가 일본군이나 중국 경찰이 아닌 러시아군에 붙잡힌 것도 그러한 이유 때문입니다.

또한 이러한 러시아와 일본 간의 조차지 양도는 영토의 주권국인 청의 의사를 무시한 행위였습니다. 쉽게 이야기해서 세입자 간의 거래인 셈입니다. 당연히 소유권자의 허락이 필요했는데, 이는 당시 국제법상 상당히 중요한 문제였습니다. 왜냐하면 1914년 일본군이 텐진의 독일 조차지를 점령했을 때 중국 정부는 일본이 국제법을 무시한 채 무단 점령한 것으로 규정하고 반발했기 때문입니다. 일본은 이를 무마하기 위해 이후 중국에 차관을 지원하는 등 다양한 노력을 할 수밖에 없었습니다. 러일 간의 조차지 양도 역시 마찬가지였습니다. 일본은 이후 청 정부의 승인을 받기 위해 여러 가지 노력을 해야만 했습니다.

그리고 회담에서 주요 의제가 되었던 사할린섬의 양도 문제 역시 엄밀히 이야기하면 일본군의 점령지 철수를 전제로 한 것이었죠. 일본군은 7월에 이미 사할린섬을 완전히 점령해 통제하고 있었고, 러시아는 전력상 이를 회복하기에는 요원한 상태였습니다. 이런 상태에서 러시아는 일본에 애써 점령한 사할린섬의 절반을 내놓으라는 요구를 한 것입니다. 당연히 일본은 배상금을 받고 점령지를 돌려주는 것이 정상적이었습니다. 그럼에도 일본은 러시아의 요구를 수용할 수밖에 없었죠.

이처럼 포츠머스조약은 일본이 승전국이라면 납득하기 어려운 내용을 담고 있습니다. 러시아 영토의 안보를 위협하는 행위는 원천 금지되었고, 이미 점령한 지역에서도 배상금 한 푼 못 받고 철수해야 하는 상황이었습니다. 다롄과 뤼순 그리고 창춘까지의 철도는 이미 일본군이 점령해 실효적으로 지배하고 있었는데, 이마저도 집주인이라 할 수 있는 청에게 다시 허가를 받아야 하는 조건이었습니다.

이것은 양도와 관련된 거의 모든 조항에 포함된 내용입니다. 러시아가 양도한다 해도 청이 거부할 경우 일본은 다시 청과 협상하거나, 극단적으로는 전쟁을 해야만 하는 상황이었죠. 그나마 청일전쟁이 끝난 지 불과 10여 년밖에 지나지 않아 아직 청의 전력이 약한 것이 다행이라면 다행이었습니다. 제1차 세계대전 당시에는 중국 정부가 일본의 점령 행위를 문제 삼아 국제법을 근거로 다양한 요구를 했기 때문입니다. 심지어 10조에 따르면 일본은 당시 자국이 양도받은 지역의 러시아 국적자가 가지고 있는 모든 재산권마저 보호할 의무까지 져야 했습니다. 당연히 청과 러시아 국적자 간에 소유권 분쟁이 생기면 일본은 러시아인의 소유권을 보호하는 조치를 해야만 하는 상황이었죠. 이를테면, 세입자가 바뀌었는데 전 세입자의 가족 한 명이 방 하나를 차지하고 계속 살겠다고 한다면 이를 보장해야 하며, 이 때문에 집주인과 그 남아 있는 세입자 가족 간에 분쟁이 생기면 이에 대해서도 해결해줘야 한다는 것입니다. 당시 일본의 입장이 전혀 유리하지 않았다는 것을 잘 보여주는 항목입니다.

흔히 러일전쟁의 결과를 일본의 승리라고 이야기하지만, 최소한 포츠머스조약만을 놓고 살펴보면 일본의 승리로 보기는 어려울 것 같습니다. 러시아는 단 한 푼의 배상금도 내놓지 않았고, 빼앗긴 지역마저 아무런 희생 없이 되찾았기 때문입니다. 그렇다고 일본이 패배했다고 이야기할 수도 없을 것입니다. 아직 집주인과 문제가 해결되지는 않았지만 그래도 요충지 랴오둥반도를 비롯해 전 세입자가 남겨놓은 것이 있었고, 사할린 일부도 차지할 수 있었죠.

하지만 이것만으로 일본이 전쟁으로 인한 손실을 완전히 회복할 수는 없었습니다. 특히 당시 일본 국민이 그렇게 생각했죠. 이러한 일본 국민의 인식은 이후에 전국적인 규모의 소요로 나타납니다. 그럼에도 일본은 국민의 반대를 무릅쓰고 조약을 체결할 수밖에 없었는데, 그 이유는 명확했습니다. 전쟁을 계속하면 결국 패전국은 일본이 될 가능성이 높았기 때문입니다. 그것만은 막아야 했습니다.

흔히 우리가 러시아의 주요 패전 원인으로 꼽는 '피의 일요일'로 시작된 혁명은 곧 진정된 반면, 일본은 전후 '히비야 방화 사건'을 시작으로 전국적으로 폭동이 일어나면서 계엄과 함께 정권까지 퇴진해야 하는 결말을 맞이했습니다. 전쟁에 승리한 것과 패배하지 않은 것은 분명히 구별해야 합니다. 일본은 러일전쟁에서 패배하지 않았지만, 승리한 것도 아니라고 할 수 있습니다.

전쟁으로 보는 한국 근대사

러일전쟁의 군사적 결말은, 또 다른 전쟁의 시작

러일전쟁은 흔히 알려진 것처럼 일본의 화려한 국제 무대 데뷔가 아니라, 이미 곪을 대로 곪은 두 나라 간의 부딪힘이었습니다. 그 사이에서 한반도는 양쪽의 안전을 보장해주는 하나의 고리로 존재했습니다. 곪아 터진 두 나라의 싸움이었고, 그 싸움의 고리에서 대한제국은 더 만신창이가 되어버렸죠. 일본은 이 과정에서 자신들의 땅을 희생하기보단 조선의 땅을 희생하기를 원했고, 그것은 러시아도 마찬가지였습니다.

러일전쟁 이후 대한제국에 대한 일본의 발언권과 권리가 강해졌습니다. 세계는 이제 더는 대한제국을 바라보지 않기 시작했죠. 일본은 한반도가 '사활적 이익'이라고 주장했는데요. 한반도에 대한 간섭은 일본의 사활에 관련된 것이기 때문에 전쟁까지 불사하겠다고 선언했습니다. 이에 서구 열강은 대한제국을 하나둘 떠나갔습니다. 가장 먼저 미국이 떠났고, 영국과 프랑스가 뒤를 이었습니다.

러일전쟁은 이후 또 다른 전쟁이 기다리고 있음을 명백히 보여주었습니다. 러시아와 일본의 뒤에 누가 있었는지 명확히 드러났기 때문입니다. 그들의 세력 다툼은 결국 다시 벌어질 수밖에 없었습니다. 일본은 이제 자신들의 힘만으로는 통제할 수 없는 전쟁이라는 자전거에 올라탄 셈이었습니다. 자전거는 페달을 멈추면 넘어집니다. 일본이 올라탄 자전거는 전쟁이었고, 페달을 멈추는 순간 넘어질 수밖에 없는 구조적 문제에 일본은 접어들었습니다. 이것이 러일전쟁의 군사적 결말이라고 할 수 있습니다. 이때 대한제국 내부에서 분연히 일어난 사람들이 있었습니다. 바로 민중입니다. 위정자들이 빼앗긴 국권을 민중이 되찾기 위해 일어난 것입니다. 이른바 의병전쟁입니다.

8강

등 뒤의 칼

의병

'모험단' 그 순수하고 처절한 이름의 기원

일본이 남한대토벌이라는 끔찍한 학살까지 자행하며 의병을 토벌하는 데 집중했던 이유는 무엇일까요? 이를 알기 위해서는 의병이 생겨난 배경과 그들이 가진 힘을 살펴볼 필요가 있습니다.

반대로, 일제의 탄압에도 불구하고 의병이 전 세계에 알리고자 했던 것은 무엇이었을까요? 근대 초기 한반도의 운명은 다른 나라의 전쟁에 따라 결정되었죠. 너무나도 안타까운 일이지만, 당시의 민중은 지금의 우리보다 더 큰 슬픔을 느꼈을 것입니다. 결국 민중은 자기가 살고 있는 터전에 대한 불안감과 자신의 삶에 대한 외부인의 간섭과 침해를 견디지 못하고 분연히 일어납니다. 이들이 바로 의병입니다. 여기서는 군사적 측면에서 의병을 다시 한번 살펴보겠습니다.

몇 년 전 의병을 주인공으로 한 드라마가 선풍적인 인기를 끈 적이 있습니다. 사실 의병(의로운 병사)이란 정말 특이한 존재입니다. 의병을 정치적으로 정의하면 파르티잔(partisan)인데요, 파르티잔 혹은 빨치산이라고 하면 일부에서 '빨갱이'를 연상해서 언짢게 받아들일 수 있지만, 단어 자체를 나쁘게 받아들일 필요는 없습니다. 파르티잔이란 '정치적 의지를 가지고 스스로 무장해서 저항하는 사람들'을 지칭하는 용어이기 때문입니다.

원래 국제법상 이들은 군인으로 인정받지 못했죠. 특히 독일 같은 나라는 이들을 군인으로 인정하는 것에 격렬히 반대했습니다. 왜냐하면 보불전쟁 당시 이른바 '프랑스 사냥꾼'이라는 이름의 프랑스식 의병, 즉 레지스탕스의 원조쯤 되는 이들에게 호되게 당한 경험이 있기 때문입니다. 그런데 세계적 조류가 바뀌며 이들을 정규군은 아니라 해도 군인으로 인정해야 한다는 분위기가 강해졌고, 결국 1899년 만국평화회의에서 이들을 군인으로 인정하게 되었습니다.

이들을 군인에 버금가는 존재로 인정하면서 의병 활동은 더욱 본격화되었죠. 물론 우리나라는 이와 별개로, '국난 극복'의 기치를 건 의병이 이미 있었습니다. 몽골의 침략 때 그러했고, 임진왜란과 병자호란 때도 그러했죠. 세계 각국에서도 전근대 전쟁에서 근대 전쟁으로 넘어가는 과정에서 의병, 즉 파르티잔의 활동은 각광을 받았고, 일부 국가에서는 이들의 전력을 매우 중요하게 평가해 일종의 숨겨진 전력으로 인식하기도 했습니다. 이러한 양상이 가장 적극적으로 드러난 것이 나폴레옹 전쟁입니다.

나폴레옹 전쟁 당시 프랑스는 단숨에 스페인 정규군을 물리치고 스페인 왕조를 굴복시킵니다. 그리고 나폴레옹은 자신의 형을 스페인에 보내 황제로 삼았습니다. 이때 스페인 민중을 중심으로 저항이 일어납니다. 물론 이를 배후에서 지원한 것은 당시 영국이었지만, 여하튼 중심 역할을 한 것은 스페인 민중이었습니다. 이른바 소규모 전쟁, 즉 '작은 전쟁'이 일어난 것입니다. 스페인어로 작은 전쟁('guerra')에 휘말려 프랑스 정규군이 제대로 힘을 쓰지 못하는 상황이

1899년 헤이그 만국평화회의에서 파르티잔도 정식 군인으로 인정받게 되었다.
출처: 위키피디아.

벌어졌던 것입니다.

당시 나폴레옹 보나파르트는 스페인 민중의 게릴라에 프랑스군이 제대로 대처하지 못하자 심지어 지역민을 인질로 잡고, 그들이 저항하면 처형하라고 형에게 조언하기도 했죠. 나폴레옹이 취한 방법은 이후 게릴라를 탄압하는 가장 효과적인 방법으로 자리 잡게 됩니다. 게릴라가 지역민 속에서 활동하는 것을 차단하면서, 게릴라의 저항이 이어질 경우 지역민을 인질로 잡고 대신 처벌하는 것이었습니다. 즉 지역민과 게릴라를 완전히 분리시키는 것입니다.

사실 파르티잔, 즉 게릴라 전술을 펼치는 사람들은 근본적으로 민중이기 때문에 총기만 버리면 민중과 게릴라를 구분하기 힘들었습니다. 설사 마음속에 저항 의지가 있다 해도 무기를 들기 전까지는 게릴라라고 할 수 없었죠. 게릴라는 이런 점을 이용해 민중 속에서 저항을 이어나갔던 것이고, 나폴레옹은 이를 파악하고 민중의 저항을 탄압하려고 했습니다.

헤이그 만국평화회의에서는 민중이 무기를 들기 전까지는 저항자로 볼 수 없다고 규정했습니다. 군인으로 인정받기 위해서는 식별 가능한 명확한 표시를 부착해야 하며, 무기를 들고 저항하기 전까지는 이들을 민간인으로 봐야 한다는 점을 명확히 한 것이라고 할 수 있죠. 당연히 점령군이 비전투원인 민간인을 공격하는 행위는 전쟁범죄로 규정했습니다. 다만, 명확한 식별 표시를 하지 않은 채 저항하는 것은 자칫 점령군에게 범죄자로 취급될 수 있다는 점 또한 분명히 했습니다.

그 뒤 파르티잔은 굉장히 애매한 존재가 되었습니다. 이른바 회색지대에 있는 전력으로 인식된 것이죠. 사실 헤이그 만국평화회의에서 이와 조금 엇갈리는 협의가 나오기도 했는데요. 점령 지역의 사람들은 점령한 나라의 지시를 따라야 한다는 것입니다. 그래야 처벌을 피할 수 있고, 저항하지 않는 것으로 인정한다는 것입니다. 하지만 파르티잔은 이러한 복종의 의무를 거부한 사람들이었습니다. 사실상 자신의 안전을 생각하지 않고 신념을 위해 기꺼이 모험을 감행한 사람들이라고 할 수 있었죠.

'모험'이라고 하니까 꼭 어린이 영화 같은 느낌이 들 수 있는데요,

하지만 '모험'은 매우 중요한 의미를 담고 있습니다. 우리 국어사전은 모험에 대해서 '위험을 무릅쓰고 어떠한 일을 하는 것'이라고 정의합니다. 대한민국 임시정부에서 처음 만든 군사 조직의 이름 역시 '구국모험단(救國冒險團)'이었습니다. 모험의 가장 핵심적인 모습은 자신의 안전을 도외시하는 생각과 의지입니다. 독립운동 역시 이러한 모험 그 자체가 아니었을까 생각해봅니다.

봉기가 아닌, 거의

군인은 훈련을 받습니다. 훈련 중에는 총을 다루는 법부터 폭탄이 떨어질 때 어디에 숨어야 하는지, 총소리가 났을 때 어떻게 행동해야 하는지, 그리고 상대를 어떻게 쏘면 잘 맞히는지 등을 배우게 됩니다. 이처럼 세부적인 군사 지식뿐만 아니라 때에 따라 작전술, 전략술까지 배울 수 있습니다. 당연히 체력 단련도 그에 맞춰 하게 됩니다. 이를 통해 군인은 전쟁이라는 엄혹한 상황 속에서 어떻게 행동해야 하는지 체득합니다. 따라서 정식 훈련을 받은 사람과 훈련을 받지 못한 사람의 차이는 전쟁터에서 분명히 드러날 수밖에 없습니다.

그러나 민중이란, 이런 훈련을 받지 못한 사람들입니다. 지금은 대다수 남성이 군 복무를 하기 때문에 군사 훈련이 기본이지만, 한말 민중에게 그것을 기대하기는 어려웠습니다. 물론 의병에 가담한 이들 중에는 간혹 군 경험이 있는 사람도 있었지만, 극소수였죠. 그들의 역량 역시 한계가 있었는데, 결정적으로 민중은 생업을 위해 군사 훈련을 지속하기 어렵기 때문에 과연 이들을 군인이라 부를 수 있을지조차 의문입니다. 그 이유는 군인이라면 당연한 것조차 이들에게는 기대할 수 없었기 때문입니다.

설사 의병이 무기를 가지고 있었다 하더라도 이러한 차이는 별반 다를 것이 없었죠. 군인이라면 엄폐물에서 벗어나 전진할 때 오른쪽이나 왼쪽으로 구르면서 뛰어나가는 것이 기본입니다. 이렇게 해야 생존할 수 있기 때문입니다. 하지만 의병은 그런 기초적인 생존 기술조차 모른 채 전쟁터에 뛰어들었습니다. 많은 경우 전투가 벌어지면 그냥 소리 지르며 뛰어나갈 뿐이었습니다. 이렇게 사소한 것부터 큰 차이가 있었습니다. 그러니 의병은 정식으로 훈련받은 군대와 조우했을 때 피와 희생으로 그 차이를 메울 수밖에 없었습니다.

그럼에도 의병은 무서운 힘을 가지고 있었습니다. 우리가 동네에서 흔히 볼 수 있는 지역민이기 때문입니다. 왜 지역민이 무서울까요? 당연하게도, 지역민이 지역의 지리를 가장 잘 알기 때문입니다. 지역민과 처음 도착한 군대 간의 기동성은 차이가 날 수밖에 없습니다. 아마도 누구나 자신이 오랜 세월 살고 있는 동네 샛길을 몇 군데 알고 있을 것입니다. 그 샛길을 통해 종종 차가 막히면 남들보다 단 몇 분이라도 더 빨리 목적지까지 갈 수도 있고요. 간혹 이 몇 분이 중요한 차이를 만드는 경우도 있습니다.

마찬가지로 한말 의병 역시 자신이 살던 지역에 익숙할 수밖에 없었습니다. 당연히 샛길도 잘 알고 있었고, 지도로는 알 수 없는 길까지 알고 있었고, 어디로 가면 위험한지도 알았죠. 만약 강화도에 사는 지역민이라면 썰물 때 절대 초지진 앞의 갯벌에 상륙할 생각 따위는 하지 않았을 것입니다. 갯벌은 그만큼 무서운 곳이죠. 갯벌이란 곳은 훈련받은 군인이 평지 200미터를 전진하는 데 4시간이나 걸릴 정도로 무서운 곳이었습니다. 아마도 초지진 첨사 이렴이 작정했다면 미군이 전멸했을 수도 있었습니다.

지역민의 저력은 또 있었습니다. 말라리아 등의 풍토병은 키디네 등의 약이 등장하면서 그 피해가 줄었지만, 여전히 남아 있었죠. 이때 특히 물이 문제였습니다. 사람이라면 당연히 필요한 것이 물입니다. 당시 물은 현지에서 공급을 받을 수밖에 없었습니다. 생수가 일반화되기 이전까지 수학여행을 가면 이른바 '물갈이'라는 것을 하면서 많은 사람이 설사에 시달렸었죠. 설사의 원인은 물속에 포함된 다양한 병균입니다. 지역민은 이러한 병균에 내성이 있었지만, 원정 온 군인은 아니었죠. 좀더 살펴보면 당시 설사의 주요 원인은 이질, 즉 장티푸스였습니다. 문제는 설사를 통해 이질균이 계속해서 수원을 오염시킨다는 것입니다. 설사는 그 병사뿐 아니라, 그 병사와 수원을 공유하는 부대 전체를 위험에 빠뜨립니다.

콜레라 역시 위험했습니다. 당시 동아시아에서는 2년 주기로 콜레라가 창궐했죠. 군대가 전력을 발휘하기 위해서는 뭉쳐 있어야 합니다. 그러다 보니 한 사람이 병에 걸리면 다 같이 걸렸죠. 전염병은 부대의 전력에 심각한 위협이 되었습니다. 지역민들은 이런 것을 여러 차례 경험했기 때문에 어떻게 피하고 어떻게 대처해야 하는지 나름대로 잘 알고 있었습니다. 지역을 봉쇄하거나 떠나거나 은신처로 갈 때도 훨씬 유리했죠. 극단적으로, 콜레라가 퍼지면, 흩어져서 역병이 가라앉을 때까지 자급자족하며 살면 되었습니다. 하지만 원정 온 군대는 그럴 수 없었습니다. 이 모든 것이 의병의 저력이었습니다.

한말 의병전쟁 당시 일본은 조선인에게 하나의 약속을 했습니다. 임진왜란 당시에 한양을 점령한 왜군이 했던 약속과 비슷한 것입니다. 평화롭게 지배할 것이고, 안전을 도모할 것이며. 규정에 따라 합법적으로 관리할 것이라고 이야기했습니다. 그런데 임진왜란 당시 왜군은 전황이 불리해지자 바로 태도를 바꾸었죠. 한말 일본군 역시 마찬가지였습니다. 소모전이 전개되자 그들이 한 약속 역시 아무런 의미가 없었습니다.

예를 들어 일본군 장교가 한국으로 부임할 당시 처음에는 두 명의 가마꾼을 쓸 수 있는 비용이 나왔습니다. 그런데 러일전쟁 이후 군사비가 부족해지자 한 명의 가마꾼으로 규정이 바뀌었죠. 그러자 어떤 일본 장교가 가방을 크게 만들었습니다. 두 명의 가마꾼이 짊어져야 하는 짐을 하나에 모두 넣어 지게꾼 한 명에게 그걸 지게 했죠. 당연히 지게꾼은 항의했고, 다행히 이 경우에서 그 장교는 처벌을 받았습니다. 이런 일이 다반사로 일어났지만, 그 경우를 제외하고는 처벌받은 경우가 거의 없었습니다. 오히려 일본에 항의할 경우 더 많은 피해가 돌아왔죠. 의병전쟁이 계속되자 일본의 만행은 점차 확대되기 시작했습니다. 조선인들에 대한 갈취와 착취 그리고 학살이 일상화되었죠. 이에 더 많은 민중이 의병에 가담했고, 일제의 만행에 저항했습니다. 일본의 약속이 갖고 있는 본질이 무엇인지 잘 보여준다고 할 수 있습니다.

흔히 의병 활동을 '봉기(蜂起)'라고도 표현합니다. 하지만 이 단어는 의병의 저항을 표현하기에 적절하지 않은 단어입니다. 봉기는 벌떼가 모이듯 생각 없이 모여 일어나는 것을 의미하기 때문입니다. 의병의 저항은 '거의(擧義)'라고 표현하는 것이 적절합니다. 의병은 무지몽매한 민중이 그저 들고 일어난 것이 아니라 자신들의 생존을 위해, 사랑하는 가족을 위해, 삶의 터전을 지키고자 하는 명확한 목적을 갖고 저항을 시작한 사람들입니다. 이렇듯 정치적 의사가 명확한 민중이 그 뜻을 세우기 위해 일어난 것이기 때문에 거의라고 불러야 합니다.

남한대토벌 당시 일본군이 노획한 의병 무기.
출처: 『남한대토벌 사진첩』(국사편찬위원회).

의병 활동이 일본에 가한 위협과 남한대토벌작전

　　의병의 게릴라 전술은 당시 일본에 심각한 위협이었습니다. 일본 육군은 전시 작전 계획상 러시아를 주요 적국으로 상정하고 있었죠. 이 때문에 조선과 인접한 블라디보스토크의 러시아군에 대한 대비가 매우 중요했는데, 이를 위해 일본군은 함경도 쪽에 병력을 집중했습니다. 그런데 의병이 게릴라 전술을 전개하면서 일본은 러시아군뿐만 아니라 후방의 보급에 대해서도 신경 쓸 수밖에 없는 상황에 이르게 됩니다. 의병은 일본군의 작전에 필요한 각종 시설, 이를테면 전신줄을 비롯해 초소, 보급소 등을 공격했고, 때에 따라서는 지역을

　　　　　　　　　　　　　　전쟁으로 보는 한국 근대사

남한대토벌 당시 붙잡힌 의병.
출처: 『남한대토벌 사진첩』(국사편찬위원회).

점령하여 농성을 벌이기도 했습니다. 이 때문에 일본군은 의병 활동에 대응하기 위해 점점 더 많은 병력을 점점 더 넓은 지역에 투입할 수밖에 없었습니다. 이른바 소모전의 늪에 빠지게 된 것입니다.

이것은 일본군에 상당한 타격을 안겨주었습니다. 단적인 예로, 조그만 읍에서 의병 활동이 일어났다고 하면, 일본군은 모든 가옥의 모든 방을 다 뒤져야 했습니다. 의병이 어디에 숨어 있는지 모르기 때문입니다. 의병이 숨을 수 있는 곳은 많았습니다. 곳간을 비롯해 모든 공간이 의병에게는 은신처였습니다. 그렇기 때문에 일본군은 이 모든 곳을 찾아다녀야 했습니다. 그리고 가장 안전한 은신처는 민중 속이었습니다. 무기를 버리고 사람들 속에 있으면 그 속에서 의병을 가려내기란 사실상 불가능했습니다. 일본군은 그만큼 두려움에 떨지 않을 수 없는 상황이었습니다.

일본군은 점차 궁지에 몰리면서 해서는 안 되는 짓을 벌이기 시작합니다. 일본은 1899년 헤이그 만국평화회의에 참석했고, 민간인에 대한 학살을 금지하는 데 조인했습니다. 저항하지 않는 민간인을 정당한 사유 없이 임의로 공격하지 않겠다고 국제 사회와 약속했죠. 그러나 일본군은 의병에 대한 공포감에 결국 민중을 학살하기 시작합니다. 의병 활동이 활발한 지역에서는 지나다니는 사람도 무차별적으로 공격했습니다. 이에 그치지 않고 '총포화약류취체령'을 임의로 제정하여 총처럼 생긴 것을 짊어지고 있으면 불시에 검문할 수도 있고, 이를 거부할 경우에는 그에 대한 처벌까지 가능하도록 했습니다. 심지어 어떤 동네에서는 집에서 사용하는 식칼까지 관청에 걸어두고 일본군의 허락을 받은 뒤에야 가져가도록 했죠.

이런 상황에서도 민중은 의병을 숨겨주었고 심지어 의병에 가담했습니다. 그들이 어떻게 할지 뻔히 알면서도 각 지역에서, 심지어 한양에서도 의병이 거의했습니다. 어느 한 곳을 특정할 수 없을 정도로 전국적으로 의병이 일어나기 시작했죠. 이들의 목적은 일본을 우리 영토에서 몰아내고 국권을 회복하는 것이었습니다. 단순히 벌 떼 모이듯이 누군가 깃발을 들자 따라온 게 아니라, 스스로 의지를 갖고 일어선 것이었습니다.

의병은 자신이 어떤 위험에 처할지 알고 있으면서도 목적을 이루기 위해 한 발 한 발 내딛기 시작했습니다. 그 한 발은 또 다른 한 발로 이어지고, 계속된 발걸음으로 이어졌죠. 이러한 발걸음은 결국 하나의 길을 만들었습니다. 심지어 우리나라가 일본에 강제 병합된 이후에도 이러한 발걸음은 계속됐죠. 국내에서 활동이 어려워지자 국외까지 나가서도 그 발걸음은 계속되었고, 의지를 이어나갔습니다.

우리가 잘 알고 있는 유인석(柳麟錫, 1842~1915) 의병장을 비롯해 홍범도(洪範圖, 1868~1943) 등 수많은 사람이 그런 의지를 가슴에 품고 국내에서 의병 활동을 했습니다. 일본은 러일전쟁 당시 군대 100만 명을 동원한 나라였는데요. 그럼에도 무기조차 변변치 않은 의병은 일본군에 대량 학살당할 가능성이 높은 상황에서도 국내외에서 활동을 이어갔습니다. 의병은 분명히 알고 있었을 것입니다. 그들의 저항이 일본에 어떤 영향을 미치고, 그 영향이 또 다른 연쇄 반응을 가져오리라는 것을. 자신들의 활동이 이후 또 다른 이들이 걷는 길의 지표가 되리라는 것을.

이후 독립운동은 이러한 의병 활동의 정신을 계속 이어받아 전개되었습니다. 국제 정세를 활용해 러시아가 복수전을 할 근거를 마련하기도 했고, 미일 전쟁 개전 시 일제의 후방을 위협하는 단서를 마련하기도 했습니다. 실제 일본은 동아시아 지역에서 패권을 강화하면서 다른 열강과 점차 분쟁이 잦아졌고, 처음에는 청과 러시아, 이후에는 서구 열강과 계속 전쟁을 이어갔습니다. 이러한 과정에서 일본은 미국을 다른 측면에서 위협하기 시작했습니다. 즉 미국의 식민지였던 필리핀을 위협하기 시작한 것입니다. 세계대전 이후 일본이 독일의 남태평양 식민지를 장악하면서 일본은 미국과 필리핀 간의 연결을 위협했습니다.

이러한 상황을 미국은 심각하게 받아들였고, 일본을 '동방의 아르마다(Armada, 16세기 스페인의 무적함대)'라고 불렀습니다. 스페인 무적함대의 위용에 빗댄 것이 아니라 스페인의 패권주의에 빗댄 것입니다. 동시에 이 표현은 영국 함대에 무너진 스페인 함대처럼 언젠가 무너질 수밖에 없다는 의미 역시 갖고 있었습니다.

지역 패권주의를 점점 더 강화한 일본은 후방을 안정시키기 위해 점차 의병 탄압에 집중하기 시작했습니다. 그 극단을 보여주는 것이 '남한대토벌작전'입니다. 이는 1909년 9월 1일부터 10월 30일까지, 일본군이 해군까지 동원해 전라남도 일대의 의병을 진압하기 위해 수행한 토벌 작전이었습니다. 대한제국의 치안을 확보해야만 대륙 침략을 비롯해 지역의 패권을 강화할 수 있기 때문이었죠. 그러기 위해서는 그 교두보라고 할 수 있는 한반도에 대한 안정이 필수적이었습니다.

일본은 전쟁 범죄라는 것을 잘 알면서도 민간인 학살을 자행했습니다. 민간인 학살은 일본군의 이른바 '교반전술(攪拌戰術)' 과정에서 자행되었습니다. 일본군은 의병이 민중 속에 섞여 있다는 전제 아래 풀숲에 숨어 있는 뱀을 끌어내기 위해 나뭇가지로 치듯이 민중을 위협했고, 공격했습니다. 사실상 지역의 민중을 인질로 잡은 것과 마찬가지였죠. 이것이 남한대토벌작전의 실상입니다. 일부에서는 이 사건을 제노사이드(genocide)라고 평가하기도 합니다.

안타까운 사실은 우리가 남한대토벌작전의 참혹한 상황만을 기억하고 있지, 사실은 평안도에서도 똑같은 상황이 벌어졌고, 함경도, 강원도 각 지역에서도 그와 유사한 작전이 펼쳐졌다는 것에 대해서는 잘 모른다는 것입니다. 남한대토벌작전은 관련 기록이 많이 남아 있어 집중적인 연구가 이루어졌고, 교과서에도 실려 널리 알려졌습니다. 하지만 의병 활동이 있었던 곳에서는 모두 그와 유사한 상황이 벌어졌죠. 일본군은 지역을 봉쇄하고 빗자루 쓸 듯이 교반전술을 행했고, 이 과정에서 지역의 의병을 색출하거나 지역민을 인질로 잡고 학살을 자행했습니다. 국권을 상실한 국민의 암울한 현실이라고 할 수 있습니다.

의병, 국제 사회에 신호를 보내다

의병전쟁 기간 중 남한대토벌작전을 비롯한 일본군의 무차별적인 탄압 작전으로 엄청난 수의 조선인이 목숨을 잃었습니다. 일본이 점점 다급해진 이유는 국제 정세의 변화와 밀접한 관계가 있었죠. 특히 미국과의 관계가 매우 껄끄러운 상태가 되었습니다. 지금은 세

미국의 대백색함대는 태평양을 가로질러 일본을 경유했다.
출처: Naval Historical Center, Photographic Collection.

계적인 여행지로 유명하지만, 1900년대 후반부터 하와이는 미국의
태평양 전초기지로 개발이 시작되었습니다.

미국은 러일전쟁이 끝나자마자 하와이에 군사 기지 건설을 시작
합니다. 일본 해군이 샌프란시스코를 비롯한 미 서부 해안 도시를
공격하는 것을 막기 위해서였습니다. 1914년에는 괌에도 군사 기지
를 건설했죠. 이 내용은 당시 조선에서 발간되는 신문에도 나올 정
도로 유명한 사건이었습니다. 하와이와 괌은 미국과 필리핀을 이어
주는 교두보이자 미국의 서부 지역을 방어하는 거점이 되었습니다.

미국은 훈련이라는 명분 아래 이른바 '대백색함대(Great White

전쟁으로 보는 한국 근대사

Fleet)'를 일본에 경유시켰습니다. 중요한 것은 기존 경로가 아니라 태평양을 가로지르는 경로로 일본에 도착했다는 것입니다. 이것은 일본과 영국 간의 동맹을 고려한 것이었습니다. 미국은 만일 일본과 전쟁이 일어나면 영국이 조약에 따라 수에즈운하를 비롯해 대서양 항로를 차단할 수 있으니 태평양 항로로 일본까지 도달할 수 있는지 확인한 것이었습니다. 1909년에는 일본 함대가 역으로 미국의 캘리포니아를 방문했습니다. 일본 역시 미국과 마찬가지로 언제든지 미국 서부 지역을 공격할 수 있다는 것을 보여주었습니다. 이것은 일본이 미국에 위협이 될 수 있다는 점을 재확인한 것이라고 할 수 있습니다.

과거에도 일본은 미국이 하와이를 병합했을 때 하와이의 일본인을 보호하겠다는 명목으로 함대를 보내 무력시위를 했습니다. 이때 미국은 주력 함대가 대서양에 있었기 때문에 사실상 일본의 무력시위에 굴복할 수밖에 없었죠. 일본은 미국이 하와이를 병합한다 해도 과거 일본과 하와이왕국 간의 조약이 그대로 준수되어야 한다고 주장했습니다. 이것은 미국-스페인전쟁 당시 미국 해군의 듀이 함대가 필리핀에 도착했을 때도 그대로 재현되었습니다. 그리고 일본군은 여기서 의도적으로 스페인군과 교류하면서 미국을 위협할 수 있다는 점을 분명히 보여주었습니다.

미국의 입장에서 일본의 행보는 분명 중대한 위협이 될 수 있었습니다. 비록 미국의 전력이 일본을 압도한다 해도 미 서부 해안은 사실상 군사적으로 비어 있는 것과 마찬가지였죠. 왜냐하면 대서양에 주둔한 미국 함대가 서부 해안에 가기 위해서는 남아메리카를 돌아서 가야 했기 때문입니다. 미국-스페인전쟁 당시 일본이 보여준 것처럼, 미국이 만약 유럽 국가와 전쟁을 벌인다면 일본은 미국의 배후를 위협할 수 있었죠.

1900년대 이후 미국과 독일 간의 대립이 커져가는 가운데 만일 독일 해군이 미국 동부 지역을 공격한다면, 일본이 독일과 동맹을 체결해 미국 서부 지역을 공격할 수도 있다는 우려가 고개를 들기 시작했습니다. 이른바 미국의 '양면전쟁'에 대한 공포였죠. 루스벨트 대통령은 이러한 전쟁 양상을 고려해 작전 계획을 세우도록 지시했는데, 이는 실제로 이후에 '오렌지 계획'과 '레인보우 계획'이라는 전쟁 계획으로 구체화되었습니다.

그렇다면 미국만 이러한 전쟁 계획을 세웠을까요? 일본 역시 1907년부터 전쟁 계획을 준비하기 시작해 1908년에 내놓았습니다. 이른바 '제국국방방침(帝國國防方針)'입니다. 제국국방방침은 육군을 중심으로 러시아에 대응하고, 해군을 중심으로 미국을 비롯한 서방 국가에 대응한다는 계획이었습니다. 그러면서 일본 해군은 필리핀 지역을 중심으로 훈련을 실시했죠. 필리핀 앞바다를 일본 함대의 훈련 장소로 삼은 것입니다. 이러한 일본의 행동은 필리핀이 위험해질 수 있다는 것을 미국에 암시하는 것이었습니다.

이러한 전개 과정은 미국과 일본이 1905년 가쓰라-태프트밀약을

전쟁으로 보는 한국 근대사

맺을 수밖에 없던 배경이기도 했습니다. 일본은 또 영국과 러시아의 분쟁을 이용해 제2차 영일동맹을 맺었는데요, 여기에는 조항이 하나 더 추가되었습니다. 바로 영국이 지배하는 인도가 위협을 받으면 일본군이 지원한다는 것이었죠. 심지어 인도차이나반도를 지배하고 있던 프랑스와도 상호보장 조약을 체결했습니다.

이런 활동을 통해 영국, 미국, 프랑스, 러시아는 일본에 하나의 이권을 완벽하게 넘겨주었습니다. 바로 한반도였죠. 서구 열강은 자기네 식민지의 안전을 보장한다는 조건으로 점점 한반도를 외면하기 시작했습니다. 하지만 의병 활동은 일본의 지배가 위태롭다는 것을 전 세계에게 알려주었습니다. 이것은 일본의 지배가 언제든 부정당할 수 있다는 것을 의미했죠. 비록 일본은 1910년에 대한제국을 강제 병합했지만, 우리 민족은 언제든지 거의할 수 있다는 것을 보여주었고, 언제든지 국제 정세의 변화에 따라 일본의 등에 칼을 꽂을 수 있다는 것을 보여주었습니다. 그렇기 때문에 일본은 조선인을 믿을 수 없어 아시아-태평양 전쟁 당시에도 마지막 순간에서야 조선인을 군대에 동원했습니다. 일본은 차마 조선인에게 총을 맡길 수 없었던 것입니다. 이것의 시작은 바로 의병전쟁이라고 할 수 있습니다. 결국 의병전쟁이 일본에 남긴 트라우마라고 할 수 있습니다.

9강

실전과
영화는
다르다

봉오동전투

독립전쟁이라는 이름의 위대한 발자국, 봉오동전투

영화 속 봉오동전투는 어디까지가 실제이고, 어디까지가 허구일까요? 흔히 학계와 교과서 등에서 독립군이 일본군과 싸워 거둔 대표적인 승리로 꼽는 것이 1920년 6월 봉오동전투입니다. 이러한 역사적 위상 때문에 봉오동전투의 영화화는 많은 주목을 끌었죠. 여기서는 영화 〈봉오동전투〉를 중심으로 독립군이 만난 일본군의 전력부터, 독립군의 전략을 통해 일본군이 패배한 요인을 영화 속 장면과 비교하면서 살펴보고자 합니다.

그에 앞서 먼저 고려해야 하는 것이 있습니다. 독립운동사를 돌이켜보면 분명 중심적인 역할을 한 분들이 존재합니다. 그런 분들이 없었다면 독립의 향배는 더 늦어졌을지도 모릅니다. 안중근 의사를 비롯해 안창호, 김구, 홍범도, 김경천 등 이들의 헌신은 절대적이었고, 이들은 분명 영웅이라고 부를 수 있을 것입니다.

그러나 어느새 독립운동사가, 역사적 사실에 무엇인가를 덧대고 덧대 '할리우드식 영웅물'로 만들어지고 있는 것은 아닌가라는 생각이 듭니다. 영화 〈봉오동전투〉뿐만 아니라 최근 한 지상파 프로그램에서도 봉오동전투와 홍범도 장군을 조명했습니다. 귀에 쏙쏙 들어오는 설명과 다양한 컴퓨터 그래픽은 과거 우리 조상들이 독립을 위해 얼마나 치열하게 싸웠는지를 잘 보여줬습니다.

그러나 방송은 어느새 홍범도를 독립운동가가 아닌, '할리우드

1922년 극동민족대회 당시 홍범도.
출처: 독립기념관.

슈퍼 히어로'로 만들고 있었습니다. 안타까운 일입니다. 홍범도는 국
내에서 의병 활동을 전개하던 중 일본군의 추격이 거세지자 간도와
연해주의 한인 사회에 독립군 기지를 건설해 후일을 도모하고자 했
습니다. '슈퍼 히어로'처럼 홀로 극복해낼 수 없는 상황이었습니다.

우리가 독립운동가를 '할리우드식 슈퍼 히어로'처럼 다루고 보여

전쟁으로 보는 한국 근대사

줄수록 결국 우리의 독립운동사는 '상업영화' 그 이상도 이하도 될 수 없을 것입니다. 흔히 상업영화는 그 흥행 공식이 정해져 있는데요. 후속 세대에게 남겨주고자 하는 우리의 독립운동사가 이 '흥행 공식'에 맞춰 꾸며지고 알려진다면, 올바른 역사가 아닌 정형화되고 시나리오에 맞춰 편취된 역사가 될 수 있습니다.

여러 곳에서 독립운동가 발굴에 열을 올리고 있습니다. 지금까지 조명받지 못한 독립운동가를 찾는 것도 물론 매우 중요하지만, 그 이전에 우리 모두가 홍범도를 비롯한 독립운동가들의 흔적을 제대로 짚어보고 바라봐야 할 것입니다. 유명한 독립운동가뿐 아니라 독립을 위해 함께 움직인 이들도 기억해야 합니다. 즉 그들과 함께 싸우고 움직였던 무명의 독립군도 조명하면서, 한 명의 '히어로'가 아닌, 모든 '독립군'을 다시 이야기해야 할 것입니다.

독립운동이란 어떤 초인적인 능력과 강한 의지를 가진 영웅이 홀로 펼친 것이 아닙니다. 시내에서, 길거리에서, 동네 슈퍼마켓과 편의점에서 마주치는 보통의 사람들이 자신의 안위를 돌보지 않고 싸웠습니다. 다만, 상대는 영화에 나오는 악당처럼 매우 강력했습니다. 악당에게는 현대식 무기도 있었고, 자본도 있었습니다. 그럼에도 독립운동가들은 자신들의 피로, 자신들의 목숨으로 독립운동을 전개한 것이고, 그것이 결국 1945년에 해방으로 이어진 것입니다.

그럼 어떻게 독립운동가들이 운동을 전개했는지 살펴보겠습니다. 물론 그전에도 수많은 발자국이 있었지만, 독립전쟁이라는 이름으로 내디딘 대표적인 발자국으로 꼽을 수 있는 것이 아마도 봉오동 전투일 것입니다.

오합지졸 일본군

사실 군사적 측면에서 봉오동전투보다 일본에 더 큰 충격을 준 것은 1920년 3월에 있었던 국내 진공 작전인 온성전투라고 할 수 있습니다. 이를 단적으로 보여주는 것이 온성전투와 봉오동전투에 대해 일본군이 작성한 보고서의 분량입니다. 봉오동전투에 비해 온성전투가 더 중요하게 다뤄졌죠. 그만큼 상대적으로 중요함을 방증한다고 할 것입니다. 다만 봉오동전투의 경우 일본군이 중국 경내로 침범했다는 측면에서 그리고 독립군이 이를 격퇴했다는 점에서 국내 진공 작전과는 차별화할 수 있을 것입니다.

1919년 3·1 만세운동 이후 간도 지역의 여러 독립군은 국내 진공 작전을 계획하고 실행으로 옮겼습니다. 그중 1920년 3월에 함경북도 온성군 미산에서 독립군 200여 명이 일본군 헌병 주재소를 비롯해 여러 시설을 공격했죠. 온성은 당시 중국에서 두만강을 건너 조선으로 들어갈 수 있는 주요 지점 중 하나였기 때문에 이후 온성에는 다리가 건설되었고, 그 다리의 흔적이 지금도 남아 있습니다.

일본이 독립군의 진공 작전에 놀란 것은 다름 아니라 함경도 지역의 병력을 감축하고 있었기 때문입니다. 일본군은 제1차 세계대전 이후 점차 병력을 줄이고 있었고, 조선 주둔 일본군 역시 예외는 아니었죠. 원래 일본은 전시 50개 사단, 평시 25개 사단을 목표로 했습니다. 이에 따라 조선 주둔 일본군 역시 두 개 사단을 증설해 19사단과 20사단이 상비 사단으로 주둔하고 있었습니다.

하지만 제1차 세계대전 이후 군비 부담이 증가하면서 군축 문제가 제기되었고, 이에 따라 일부 부대의 위치를 조정하고 감축해야 하는 상황에 직면했습니다. 그 주요 대상 중 하나가 조선 주둔 일본군이었는데요. 왜냐하면 조선 주둔 일본군 앞에는 관동군과 블라디보스토크 파견군이 있어서 사실상 조선 주둔 일본군은 후방 부대의 역할로 임무가 전락한 상태였기 때문입니다. 여기에 국경 역시 경찰 중심으로 편성하는 안이 제기되어 점차 군대를 철수시키고 있었습니다.

그런데 이런 상황에서 독립군이 갑자기 온성으로 대규모 국내 진공 작전을 개시한 것입니다. 그러자 일본군은 다시 이 지역에 병력을 증강할 수밖에 없었습니다. 그 측면에서 봉오동전투는 이 온성전투의 연장선에 있습니다만, 그렇다고 봉오동전투의 가치가 떨어지는 것은 아닙니다.

여기서 다시 한번 독립운동사와 관련해서 꼭 짚고 싶은 것이 있는데, 바로 전과(戰果)에 대한 것입니다. 흔히 전과를 숫자로 표현하곤 하지만, 문제는 이 과정에서 마치 한 명의 일본군을 사살하면 사소한 전투였고, 1,000명의 일본군을 죽였다면 큰 전투라는 식의 평가를 내린다는 것입니다. 하지만 이런 평가는 단언컨대 절대 해서는 안 되는 것 중 하나죠. 이를테면 이봉창의 의거는 일본 열도 전체를 충격으로 몰아넣었지만, 단 한 명의 사망자도 나오지 않았죠. 그렇다고 이를 절대 평가절하할 수 없습니다. 이런 전제 아래에서 봉오동전투를 살펴볼 필요가 있습니다.

영화 〈봉오동전투〉는 실제 역사적 사건을 다루면서 흔히 이야기하는 흥행 공식에 따라 스토리를 덧붙였습니다. 여기에 교육적 측면까지 고려했죠. 이를테면 독립운동을 해야 하는 이유를 너무나도 친절하게 설명해주고 있습니다. 그런 측면에서 독립운동사를 공부하는 사람들에게는 꼭 추천하고 싶은 영화입니다. 다만, 고증이라는 측면에서 보면 '옥에 티'가 꽤 있습니다. 이를테면 영화에서 홍범도는 꽤 더운 6월의 여름인데도 홍범도는 한겨울 복장을 입고 있습니다. 이런 사소한 것에 연연할 필요는 없겠지만, 역사적 사실을 중심으로 살펴볼 필요는 있을 것입니다.

교과서는 봉오동전투의 배경을 삼둔자전투로 언급하고 있습니다. 삼둔자전투로 독립군의 국내 진공 작전이 성공하자 일본군이 보복을 위해 봉오동에 침입하면서 전투가 일어났다는 것입니다. 엄밀하게 보자면, 그 이전에 대규모 국내 진공 작전이 성공한 온성전투 때부터 사실상 일본은 계속 준비를 하고 있었습니다. 어떻게든 본보기를 보여줘야겠다는 의지도 있었겠지만 가장 중요한 것은 당시 조

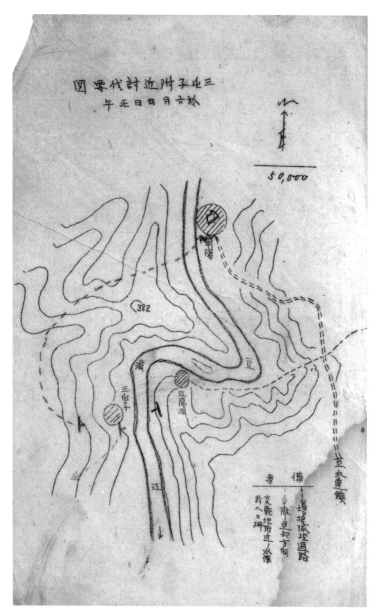

일본군의 삼둔자 부근 전투 상황 보고.
출처: 『봉오동부근전투상보』.

선 주둔 일본군의 상황에서는 국경 주변의 위협을 제거해야 한다는 목적이 있었죠. 이런 목적에 따라 일본군은 두만강을 건너 봉오동에 침입합니다.

여기서 몇 가지 의문이 있습니다. 왜 일본군이 강군이라고 생각했을까라는 것입니다. 영화 〈봉오동전투〉를 보면 일본군이 강군이라는 것을 묘사하기 위해 여러 측면에서 고민한 흔적이 있는데요. 이를테면 두만강을 건너는 장면에서 일본군이 아주 질서 정연하게 나오죠. 사실 이런 질서 정연한 행군이 강군과 일치하는 것은 아니겠지만, 강군이라는 이미지를 보여주는 것은 분명합니다.

실제 일본군은 그리 질서 정연하지 않았습니다. 원래 일본군은 저녁 7시까지 모여서 9시에 몰래 두만강을 건너려 했죠. 그런데 9시가 되어 두만강을 건너려고 하는데, 물살이 빠른 겁니다. 6월에 두만강 상류에 비가 많이 와서였죠. 그 바람에 조타 등이 제대로 안 되었습니다. 두만강은 폭이 그다지 넓지 않아서 두만강을 건너는 데 30분 정도면 충분할 거라고 생각했습니다. 도하 이후 이런저런 계획을 세워놓았을 것입니다. 그런데 배를 제대로 다루지 못하면서 물살에 미끄러지고 심지어 건너야 하는 곳을 지나쳤습니다.

원래 야간 작전을 수행할 때는 들키지 않기 위해 불을 사용하지 않습니다. 이를 등화관제라고 하죠. 그런데 두만강에서 배를 제대로 다루지 못하면서 급한 마음에 불을 잔뜩 켭니다. 또 소리도 내면 안 되는데 급한 마음에 소리까지 지릅니다. 아마도 "저기 조심해라. 배

붙잡아라. 쏠려 내려가지 마라" 했을 것입니다. 이런 난리를 친 뒤 겨우 두만강을 건널 수 있었지만 그 뒤 결국 배를 잃어버리고 말았습니다. 강을 건너고 전투를 벌이는 동안 부상자가 생겼죠. 이들을 돌려보내야 하는데, 자신들이 타고 온 배를 잃어버렸기 때문에 진퇴양난에 빠졌습니다. 만약 제대로 훈련된 부대라면 그러지 않았을 것입니다. 그만큼 당시 일본군은 강군이라고 보기 어려웠죠.

영화에는 야스가와라는 일본군 장교가 나옵니다. 호랑이도 잡는 아주 무서운 사람으로 나오지만, 사실 그다지 전공이 훌륭하지는 않았습니다. 조선에 온 지도 얼마 되지 않았고, 당시에는 지휘관도 아니었습니다. 원래 참모였는데, 일본군이 봉오동 작전을 구상하면서 갑자기 임명된 것입니다. 덕분에 자신이 인솔해야 하는 병력도 그날 처음 봤습니다. 이름은커녕 사실상 아무것도 모르는 상태였습니다.

일본군이 직면한 어려움

두만강을 건넌 후에 일본군은 새벽 4시부터 독립군을 찾아 이동을 시작했지만, 점점 병력이 줄어들기 시작합니다. 전투 중 사상자가 발생한 것이 아니라 기상을 비롯해 현지 적응이 안 된 환자가 속출하기 시작한 것입니다. 게다가 처음 가는 길이라, 앞에 무엇이 있는지도 모르는 상태에서 이동을 시작했습니다.

더 중요한 것이 있습니다. 일본군은 전날 오후에 급하게 여러 부대에서 차출한 병력으로 구성한 부대였죠. 그러니 서로 전혀 모르는 사이입니다. 밤새 고생하면서 두만강을 건넌 상태에서 새벽 4시부터 공격을 시작했습니다. 끼니도 간신히 때운 채로 한여름에 한숨도 못 자면서 행군을 했습니다. 심지어 자신들의 상대가 호랑이 사냥꾼이라 긴장감은 높아져만 갑니다.

이렇게 군의 사기가 떨어지면 행군이 제대로 될 수 없습니다. 다들 조금씩 주변 눈치를 보면서 지휘관 혹은 길을 가장 잘 개척하는 사람 뒤로 쭉 늘어서게 됩니다. 그러니 누가 지휘관인지 쉽게 찾을 수 있습니다. 그런데 전투에서 지휘관이 없으면 지휘 통솔이 안 되어 부대가 순식간에 와해될 수 있습니다. 이 때문에 저격할 때도 지휘관이 주요 대상 중 하나입니다. 원래 거의 모든 군대가 지휘관을 노출하지 않으려고 하죠. 그래서 계급장을 바꾸기도 합니다.

그런데 영화 〈봉오동전투〉에서는 지휘관을 찾기가 너무 쉽습니다. 야스가와 소좌를 비롯해 대부분의 장교가 영화 내내 말을 타고 나옵니다. 누가 봐도 지휘관인지 알 수 있습니다. 당시 일본군은 러일전쟁을 거치면서 교범에도 '소산'을 강조했습니다. 흩어지는 것을 강조한 것인데요. 뭉쳐 있으면 기관총이나 포병 등의 표적이 되기 쉽기 때문입니다. 게다가 상대는 홍범도를 비롯한 호랑이 사냥꾼입니다. 총 잘 쏘기로 유명한 조선의 포수이죠. 그런데 영화 〈봉오동전투〉는 일본군 교범에도 나와 있는 내용을 무시하고 있습니다. 이것은 영화가 고증을 잘못했거나, 아니면 당시 일본군이 그리 정예 군대가 아니기 때문에 그럴 것입니다.

실제로는 두 가지 모두인데요. 고증에 대해서는, 영화이니 어쩔 수 없다고 할 수 있습니다. 반면 실제 일본군이 어떠했는가에 대해서는 그들이 남겨놓은 보고서를 통해 알 수 있습니다. 당시 일본군은 일렬종대로 행군한 것으로 되어 있죠. 지금도 마찬가지지만 일본군 교범에서도 일렬종대는 주로 이동 시 대형입니다. 그런데 문제는 당시에는 수색 작전 중이기 때문에 일렬종대로 이동해선 안 되었습니다. 앞에서 언급한 지휘관 따라가기의 전형이라고 할 수 있죠.

당시 일본군 환자에서 가장 많은 비중을 차지한 것은 신경성 위장염 환자였습니다. 다시 말해 스트레스로 계속 설사가 발생하는 것입니다. 아마 처음 경험하는 상황에 많이 긴장했겠죠. 요즘에는 이런 상황에 대비해 여러 약이 있지만 당시에는 방법이 하나밖에 없었는데, 바로 지사제입니다. 설사를 멈추게 만드는 것입니다. 그러니까 계속 배는 아픈데 설사만 멈추게 하고 버티는 것입니다.

그런 군대였습니다. 일본군 전체를 동일하게 평가할 수는 없겠지만, 당시 일본에서 '조선군'이라고 불리던 군대, 특히 봉오동에 온 군대는 그렇게 정예 군대라고 부르기 어려웠죠. 오히려 그들이 상대하고자 했던 사람들, 즉 독립군에 대한 공포가 극에 달했습니다. 그래서 어떻게든 빨리 끝내려고 굉장히 노력했습니다. 흔히 적을 평가할 때 가장 좋은 적은 실체가 명확한 적이라고 합니다. 반면 가장 어려운 적은 그 실체를 확인하기 어려운 적입니다. 어디에 있는지도 모르고, 어디에서 나오는지도 모르고, 누구인지도 모르고, 어떻게 쏘는지도 모르고, 무엇을 쏘는지도 모르는 적이 가장 두려운 적입니다.

적을 알 수 없으면 두려움과 공포를 느낄 수밖에 없습니다. 이런 두려움과 공포에 둘러싸여 있을 때 사람들은 이상 행동을 하기 시작합니다. 이상 행동이라고 하는 이유는 분명 그것이 해서는 안 되는 행동이기 때문입니다. 양심에 기대기 이전에 그들은 해서는 안 된다고 분명히 규정되어 있는 행동을 했습니다. 바로 민간인을 학살하기 시작한 것입니다. 일본군은 민간인을 학살한 이후에 민간인이 저항을 했다고 기록했습니다. 일본군의 만행에 대해서는 중국조차 추궁합니다. 중국 신문에도 관련 내용이 나오죠. 일본은 그것을 전과라고 이야기합니다.

독립군은 실체를 찾을 수 없는 유령 같은 존재였습니다. 실체를 보여주지 않는 것은 아주 중요한 일입니다. 그런데 영화 〈봉오동전투〉는 정반대로 흘러갔습니다. 이상하게 실체가 너무 잘 드러났죠. 유인작전을 한 것입니다. 오히려 민간인이 있는 곳으로 불러오는 모습처럼 보일 정도였습니다. 이건 좀 이상합니다. 가급적 민간인이 없는 쪽으로 유인해야 하지 않았을까요?

전쟁으로 보는 한국 근대사

이기고 나서 싸운다

지금까지 일본군을 중심으로 살펴봤습니다. 그럼 이제는 독립군을 중심으로 한번 따라가보겠습니다. 독립군이 봉오동에 모였습니다. 그 지역에 원래 있던 독립군 일부 빼고 홍범도부대라든지 안무부대 등은 그 지역에 온 지 얼마 되지 않았죠. 그러니까 아직 그 지역에 익숙하지 않습니다.

물론 그 지역이 한반도로 들어가는 주요 길목에 있긴 합니다. 하지만 그렇다고 해서 골짜기의 숨어 있는 길까지 잘 아는 것은 아닙니다. 그런 지역에 왔습니다. 여기서 일본군이 넘어오는 것을 확인했죠. 그렇다면 일본군이 오래 머물지 못하리라는 것도 잘 알고 있습니다. 사냥꾼 정도의 눈썰미라면 일본군의 보급이 어느 정도인지 금방 알 것입니다. 멀리서 관측만 해도 그 부대의 성격을 알 수 있죠. 조금만 있다가 곧 돌아갈 부대인지, 오래 머물 부대인지 말이죠. 곧 돌아갈 부대라면 조금만 빙빙 돌리면 알아서 제풀에 쓰러질 것입니다. 그러면 총 한 방 안 쏘고 이길 수 있는 전투라는 것도 알겠죠. 실제 일본군은 일사병 등으로 많은 사상자가 발생했기 때문에 이것은 매우 유효한 전술이라고 할 수 있습니다.

『손자병법』에는 선승후구전(先勝後求戰)이라는 말이 나옵니다. 이겨놓고 싸운다는 말입니다. 탄약을 낭비할 뿐 아니라 자칫 독립군이 다칠 수 있는 전투를 꼭 할 필요는 없습니다. 그냥 계속 따라오게 만

들면 됩니다. 마치 유령 같은 독립군을 쫓아만 다니다가 결국은 후
퇴도 못하고 제풀에 쓰러지도록 만드는 것이 전술적으로 유리합니
다. 당연히 이런 상황이 되면 일본군은 후퇴의 압박에 처할 수밖에
없습니다. 오래 있고 싶어도 국경 너머에 그리 오래 머물기는 어렵습
니다. 다만 이럴 경우 영화 〈봉오동전투〉의 마지막 전투 같은 시원하
고 통쾌한 장면은 없었겠지만, 일본군으로서는 전술적으로 매우 유
효한 결과를 얻어낼 것입니다.

사실 이것이 더 봉오동전투의 상황과 가깝지 않을까 생각합니다.
실제 일본군은 계속해서 독립군의 뒤를 쫓다가 끝나고 말았습니다.
여기서 이른바 '공격 정신'으로 무장한 일본군은 사라졌죠. 남은 것
은 더위에 쓰러진 오합지졸뿐입니다. 독립군의 실체를 제대로 확인
조차 못 한 일본군이 남아 있을 뿐이었죠.

일본군은 러일전쟁 당시 적십자 활동 등을 통해 자기들이 얼마나
포로를 우대했고, 이들을 존중했는지 광고했습니다. 이를 통해 서구
가 이야기하는 문명 국가에 한층 다가간 일본을 자랑했죠. 하지만
봉오동전투에서 그런 일본은 사라졌습니다. 그냥 야만인 일본군,
독립군의 유인에 말려든 일본군뿐이었습니다. 실제로 당시 모습
을 보면 전투다운 전투가 별로 없었습니다. 일본군의 보고에 따르
면 독립군을 발견하고 400미터 고지까지 쫓아 올라가다가 못 찾고,
다시 700미터 고지까지 쫓아 올라가다가 못 찾고, 계속 그런 식입니
다. 이 때문에 일본군의 보고서에는 다양한 변명거리가 등장합니다.

기상 악화까지 언급할 정도였죠. 그럼에도 더 작전을 수행하고자 했는데 결국 복귀하라는 지시에 따라 불가피하게 복귀했다고 변명합니다.

사실 독립군의 전술이 너무나도 주효했다고 할 수 있습니다. 침입하는 일본군을 유인해 민간인에 대한 피해를 최소화하고 아군의 전력을 지키면서 결국 적을 무너뜨리는 방법이었죠.

이후 일본군은 조선을 넘어 중국 동북 지역까지 영향력을 확대하려고 합니다. 이를 위해 바이칼호수까지 장악하려고 했죠. 그런데 그들의 배후에 있는 독립군이 위협이 되었습니다. 그에 따라 일본군의 작전 계획 자체가 다 무너질 수 있는 상황이었죠. 그렇게 되면 일본 육군의 전략 자체가 큰 타격을 받을 수 있었습니다. 당시 일본은 간도 지역에 대해 '한인들이 날뛰는 지역, 한인들로 인한 무법천지'라고 이야기했습니다. 한인에 대한 공포가 어찌나 심했는지 미국 신문에도 나올 정도였죠. 이것은 일본에 굉장히 큰 위협이었고, 군사적으로 배후지가 안정되지 않은 상태에서는 절대로 앞으로 나아갈 수가 없었습니다. 배후지의 안정이 필요한 상황이 되었습니다. 일본군은 이를 위해 청산리에 갈 수밖에 없었습니다.

독립운동사
최대의
승리

청산리전역

군사적 행동으로 보는 청산리전역

독립전쟁사에서 청산리대첩은 어떤 의미가 있을까요? 지금 한국사 교과서에서 청산리대첩은 매우 중요하게 다뤄지고 있는데요. 청산리대첩은 무장 독립운동 사상 최대 규모의 승리를 거둔 전투이자, 민족의 자주독립에 대한 가능성을 보여준 전투라고 설명되어 있습니다. 우리 독립운동사에서 청산리대첩이 갖고 있는 위상을 잘 드러내는 설명이라고 할 수 있죠.

그렇다면 여기서 한발 더 나아가 청산리대첩을 통해 당시 국제 상황을 살펴볼 수 있을까요? 당시 독립운동의 주요 노선은 흔히 외교론, 준비론, 무장투쟁론 등으로 구분되는데, 이러한 독립운동 노선은 근본적으로 국제 정세를 활용해 독립전쟁에서 승리한다는 것을 전제로 하였습니다. 따라서 청산리대첩 역시 국제 정세 속에서 그 가치를 살펴보아야 한국사를 넘어 세계사적 측면에서 우리 독립운동사가 갖고 있는 가치를 보여줄 수 있는 중요한 단서를 찾을 수 있습니다. 따라서 여기서는 국제 정세 속에서 청산리대첩이 갖고 있는 의미를 보다 구체적으로 살펴보고자 합니다.

하지만 근본적으로 군사적 측면을 고려하지 않을 수 없는데요. 청산리대첩 자체가 군사적 행동이기 때문입니다. 이런 측면에서 청산리대첩에 대한 명칭을 살펴보지 않을 수 없습니다. 기존 청산리대첩에 대한 명칭은 여러 가지가 있죠. 과거 교과서는 '청산리대첩' 혹은 '청산리전투'라고 지칭했습니다. 1990년대 이후 독립전쟁의 중요성을 강조하는 과정에서 청산리대첩의 가치를 보다 확대해석하여 '청산리전쟁'이라고 정의하기도 했습니다.

청산리대첩을 다양하게 정의할 수 있지만, 그 전제가 되는 군사적 상황을 중심으로 고려한다면 '청산리전역'이라고 부르는 것이 개념상 가장 적절할 수 있습니다. 군사적 개념으로 전역(戰役, campaign)이란, '주어진 시간과 공간 내에서 전략적 또는 작전적 목표를 달성하기 위해 실시하는 일련의 연관된 군사작전'을 의미합니다. 특히 당시 독립군이 수립한 전략적 목적인 '피전책(避戰策)'과 일본군에 대한 타격을 달성하기 위한 작전 과정 중에 벌어진 일련의 전투가 청산리대첩이기 때문입니다. 따라서 여기서는 '청산리전역'으로 명칭을 통일하도록 하겠습니다. 이와 함께 청산리전역에서 우리가 어떠한 성과를 얻었고, 또 무엇 때문에 그들이 그곳에서 싸웠으며, 무엇을 잃었고, 무엇을 얻었는지 살펴보고자 합니다.

독립의 가능성을 보여주다

당시 독립운동 지사는 어떻게 독립의 가능성을 찾았을까요? 엄밀히 따지면, 일본을 우리 영토에서 완전히 몰아내고 우리 민족 중심의 정권을 수립할 수 있을 때 비로소 독립했다고 이야기할 수 있

전쟁으로 보는 한국 근대사

을 것입니다. 나아가 이러한 독립을 국제 사회에서 제대로 인정받고, 그것을 지속 가능한 형태로 유지할 수 있을 때 독립을 완성했다고 할 수 있죠. 문제는 과연 일본이 우리 영토에서 물러날 생각이 있었는가 하는 것인데, 일본은 전혀 그럴 생각이 없었습니다.

3·1운동이 일어났을 때 일본은 조선에 대한 종주권을 포기하지 않겠다고 선언했죠. 많은 외국 언론이 일본의 잔혹한 탄압에 항의하자, 일본은 이에 대해 조선 문제에 개입하는 것은 일본을 상대로 선전포고를 하는 것과 같다고 했습니다. 절대 포기할 수 없다는 것입니다. 이러한 일본의 대 한국 침략 정책은 오랜 역사를 갖고 있습니다. 1880년 당시 일본 총리였던 야마가타 아리토모는 일본 의회 연설에서 이른바 '이익선'과 '주권선'을 주장하면서 기존 일본의 영토를 주권선에 비유하고, 조선을 이익선에 비유했습니다. 야마가타 아리토모는 주권선을 온전히 확보하기 위해서는 이익선을 확보하는 것이 중요하다고 공식화했죠. 일본의 국방 정책은 청일전쟁과 러일전쟁 그리고 대한제국 강제 병합을 거치면서 구체화되었습니다. 일본은 한국의 독립을 자국 영토에 대한 침략 행위로 규정했죠. 여기에 청일전쟁과 러일전쟁을 거치는 과정에서 수많은 일본인이 희생되고 엄청난 전비가 들어갔기 때문에, 더욱더 물러설 수 없다고 주장했습니다.

일본을 우리 영토에서 몰아내기 위해서는 강제 수단이 불가피했지만 우리 힘만으로는 어려웠죠. 일본은 러일전쟁 당시 이미 100만

명이 넘는 군대를 동원했습니다. 이러한 사실은 일본을 상대로 독립전쟁을 수행하기 위해서는 최소한 일본이 동원 가능한 자원 이상의 전력이 필요하다는 것을 의미했죠. 제1차 세계대전을 거치면서 세계 5대 열강에 포함된 일본을 상대로 우리의 힘만으로 독립전쟁을 수행하는 것은 더욱 요원했습니다.

전쟁이라는 행위의 특성을 떠올려봅시다. 당연히 전투 과정에서 목숨을 위협받을 수 있기 때문에 전쟁은 위험을 담보로 모험을 하는 것입니다. 자신보다 더 강한 상대로 한 전쟁은 더욱더 위험합니다. 그렇기 때문에 비록 독립이라는 숭고한 가치를 위한다 할지라도 모든 사람에게 그것을 강요할 수는 없는 일이죠.

그럼에도 독립전쟁의 필요성과 당위성은 인정할 수밖에 없었습니다. 내 후손에게 자유를 줄 수 있고, 스스로 결정할 수 있는 권리를 가진 나라를 물려줄 수 있다는 실낱같은 가능성이 있다면, 기꺼이 부모로서 뛰어들고자 나선 이들이 있었습니다. 그렇게 벌어진 싸움이 독립전쟁이었고, 그 싸움에서 몸을 던진 사람과 이들을 지원하고 지켜준 사람들이 독립투사였고, 그 물결이 독립운동입니다. 그렇다면 그 실낱같은 가능성은 무엇이었을까요?

그 가능성은 매번 달랐을 것입니다. 우리가 교과서에서 배운 것처럼 1919년 3·1운동이 일어나던 때 윌슨의 '민족자결주의'가 가능성을 보여주었다면, 1920년에는 또 다른 노선이 가능성을 보여주었습니다. 3·1운동 직후 일본의 태도는 독립 청원이 실현 불가능하다는 것을 잘 보여주었죠. 이것은 파리강화회의장에서 다른 나라에게 청원한다고 해서 독립을 달성할 수는 없다는 뜻입니다. 이 때문에 당시 우리 영토에서 일본을 몰아내기 위해서는 전쟁 이외의 방법을 고려하기란 어려운 상황이었습니다.

애초에 '민족자결주의'라는 명분을 앞세워 서구 열강에게 독립을 청원한다는 것 자체가 성립하기 어려운 조건이었습니다. 그들도 식민지를 둔 나라였기 때문에 당시 한국에 대한 처분은 자신들의 식민지에 대한 처분으로 부메랑이 되어 돌아올 가능성이 있었죠. 이것은 한국에 대한 독립 청원이 아무리 정당하다 해도 그들이 받아들일 가능성이 없다는 의미와 같았습니다. 그렇다고 우리만의 힘으로 독립전쟁을 수행한다는 것은 앞에서 설명한 것처럼 실현 불가능한 일이었습니다.

당시 독립전쟁의 주요 방법을 한마디로 요약하면 '미일전쟁'이었습니다. 미국과 일본은 제2차 세계대전으로 적대적 관계가 된 것이 아니었죠. 이미 1900년대를 전후해 상호 적대적 관계가 형성된 상태였습니다. 상대를 주요 적국으로 상정하고 전쟁 계획을 수립할 정도였습니다.

당시 일본의 국방방침을 규정하는 제국국방방침에서 일본은 미국을 주요 적국으로 상정한 상태였죠. 미국 역시 '오렌지 계획'이라는 이름으로 일본을 상대로 한 전쟁 계획을 수립했습니다. 심지어 미국은 이러한 전쟁 계획에 대비해 군함이 파나마운하를 통과할 수 있도록 그 규격을 확대 개조했죠. 이처럼 제2차 세계대전 이전에 이미 미국과 일본은 서로를 매우 경계하고 있었으며, 이러한 경계심은 개전 바로 직전의 상태까지 이르렀습니다. 독립운동가들은 이러한 국제 정세를 활용해 미일 간에 전쟁이 일어나면 미국의 동맹국으로 참전해 독립을 쟁취하려는 계획을 갖고 있었죠.

그렇다면 이러한 상황에서 두 가지를 보여줄 필요가 있었습니다. 하나는 미국의 동맹으로서 독립군이 의미 있는 전력이라는 것과 전후 우리의 주권을 주장할 수 있는 능력입니다. 이를 위해서는 독립군이 단순한 무장 집단이 아니라 일본의 배후에서 미국을 지원할 수 있는 중요한 전력이라는 점을 미국에 보여줘야 했습니다. 온성전투를 비롯한 국내 진공 작전과 봉오동전투 그리고 청산리전역은 이러한 전략적 가능성을 보여줄 수 있는 근거였죠.

한편 미일 전쟁 이후 우리 영토에 대해 우리에게 정당한 권리가 있다는 것을 보여줄 필요도 있었습니다. 그 시작이 바로 저항입니다. 최소한 일본의 지배에 대한 저항은 독립을 향한 권리의 외침이자 시작이죠. 그것이야말로 파리강화회의에 모인 세계 주요 국가에 대한 청원의 시작이라고 할 수 있었고, 가장 마지막은 우리 힘으로 우리 영토에서 일본을 몰아내고 지켜내는 것으로 끝나는 것이었습니다.

독립의 가능성은 이러한 국제 정세를 기반으로 한 전투의 승리에서 시작되었습니다. 우선 독립의 가능성을 우리 민족에게, 당시 전 세계에 흩어져 살고 있는 한인에게, 그리고 국내에 있는 조선인에게 명확한 실체로 제시해주는 것이 필요했죠. 우리에게는 일본을 몰아낼 수 있는 힘이 있다는 것을 보여줄 수 있는 무언가가 필요했는데, 그것이 바로 청산리전역입니다.

상하이 임시정부는 청산리전역의 전과를 매우 적극적으로 홍보했습니다. 독립군이 일본군을 얼마나 죽였고, 그렇게 죽인 일본군으로부터 얼마나 많은 무기를 획득했는지 구체적이고 명확한 근거를 보여줄 필요가 있었죠. 또한 우리 독립군에 일본군이 패퇴했다는 점을 강조할 필요가 있었습니다. 그렇기 때문에 전사한 것으로 알려진 일본 연대장의 이름까지 공개했는데요. 이것은 구체적인 근거를 통해 독립전쟁의 승리 가능성에 대한 실체를 보여주기 위함이었습니다.

안타깝게 그것은 상하이 임시정부와 일부 독립을 준비하고 이끌어나가던 사람들의 이야기였습니다. 청산리에서는 또 다른 현실이 벌어지고 있었죠. 청산리전역 당시 상황에서 독립전쟁의 가능성까지 고려하기는 어려웠습니다. 우선 독립군은 자신들의 전력을 보존하고 실체를 드러내지 않은 상태에서 일본군을 괴롭히는 것이 더 효과적이었기 때문에 이른바 '피전책'을 채택했습니다. 사실상 국제정세를 활용한 독립전쟁은 청산리전역 이후 결과론적인 접근이라고할 수 있었죠. 일본군의 공세를 마주한 독립군의 상황에서는 살아남아 전력을 보존하는 것이 우선이었기 때문에 임시정부 등에서 고려하던 전략이나 작전과는 약간 다른 양상이 전개되었습니다.

청산리전역, 절반의 작전

1920년 당시 독립군 탄압 작전에 투입된 일본군은 블라디보스토크 파견군, 즉 포조파견군과 조선 주둔 일본군입니다. 여기에 관동군 일부가 블라디보스토크 파견군 예하에 포함되어 작전에 투입되었습니다. 그런데 '조선군', 당시 일본 육군 소속의 조선 주둔 일본군이 사전 계획과 달리 먼저 작전을 전개하기 시작했던 것입니다.

원래 일본 육군은 조선 주둔 일본군 등의 건의에 따라 작전 개시를 10월 20일로 잡았습니다. 그런데 작전에 투입된 일본 육군 주력 부대 중 일부가 14일에 먼저 작전에 착수했는데요. 그 부대는 블라디보스토크 파견군 예하의 다른 부대와 연합해 20일부터 작전을 수행하도록 계획되어 있었죠. 그런데 14일에 단독으로 작전을 수행하면서 훈춘 지역에서 독립군과 한인에 대한 탄압을 개시한 것입니다.

그리고 우리가 잘 알고 있는 히가시지대(東支隊) 역시 18일에 청산리 일대에서 독립군을 발견하고 곧바로 부대 이동을 시작해 어랑촌에 지휘소를 두고 그 일대를 포위한 다음 공격을 개시했습니다. 20일 백운평 일대에서 독립군이 히가시지대와 조우하면서 본격적인 전투가 시작되었죠.

계획에 따르면 블라디보스토크 파견군은 북쪽에서 포위망을 형성하고, 일부 부대는 조선 주둔 일본군과 협력해 독립군 탄압 작전

전쟁으로 보는 한국 근대사

을 수행하도록 되어 있었습니다. 블라디보스토크 파견군은 계획에 따라 20일에 작전 지역에 도착할 수 있도록 이동을 개시했는데, 조선 주둔 일본군이 계획보다 먼저 공격을 시작했기 때문에 작전 계획이 변경되었죠. 결정적으로 외곽 포위를 계획한 부대가 도착하기 전에 탄압 작전이 시작되면서 일본군은 포위망을 제대로 형성할 수 없었습니다. 심지어 일본군은 작전 계획 수립 단계에서 산악 지형에 적합한 산포 부대를 추가로 편성했고, 그 부대는 작전 계획에 따라 20일까지 도착하기로 되어 있었습니다. 하지만 부대가 도착하기 전에 조선 주둔 일본군이 전투를 개시하면서 사실상 산포의 지원을 제대로 받을 수 없게 되었습니다. 따라서 독립군은 적극적으로 지형을 활용했습니다.

당시 일본군 야포는 고각의 한계 때문에 산 정상 부근까지 공격하기가 어려웠습니다. 독립군은 이러한 특성을 고려해 어랑촌 등에서 일본군과 조우했을 때 포병 공격이 어려운 산 위에서 일본군을 상대했죠. 이 때문에 일본군은 애써 데려온 포병을 제대로 활용하지 못한 채 주로 보병의 공격에 의존할 수밖에 없었죠. 독립군은 이러한 기회를 놓치지 않고 지형을 활용해 공격했고, 특히 홍범도부대 등은 어랑촌전투 당시 일본군의 우측방으로 우회해 일본군 본진에 결정적 위협을 가합니다. 그 결과 일본군은 독립군을 제대로 공격할 수 없는 상황이 되었죠.

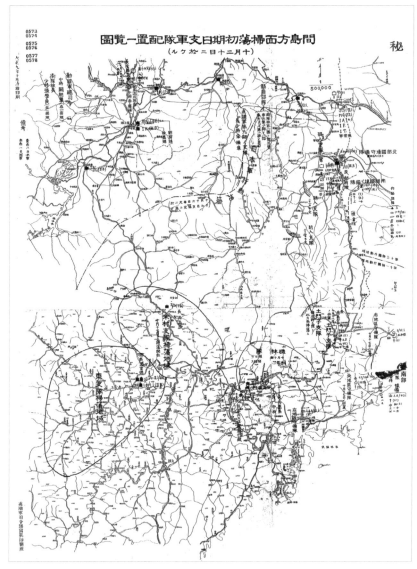

청산리전역 관련 일본군의 배치 및 전개 과정.
출처: 일본 방위성 방위연구소, 『간도출병사』.

조선 주둔 일본군의 상황

당시 조선 주둔 일본군은 갓 편성된 부대로서 훈련이 부족했습니다. 속된 표현으로 오합지졸에 가까웠죠. 이뿐만 아니라 당시 일본은 제1차 세계대전 이후 군대 감축이 기정사실처럼 되어가고 있었죠. 이 때문에 많은 직업군인이 강제 전역의 상황에 놓여 있었습니다. 따라서 계속 군에 잔류하려는 직업군인은 가시적인 성과가 필요했습니다. 그렇지만 블라디보스토크 파견군이나 관동군과 달리 후방에 위치한 조선 주둔 일본군의 주요 지휘관은 전과를 세울 수 있는 기회가 극히 적었죠.

조선 주둔 일본군은 조선 내 의병 탄압 작전, 3·1운동 이후 만세 시위 진압 작전 등에만 투입되었기 때문에 군사적으로 가시적인 성과를 보여주기 어려웠습니다. 하지만 이른바 '간도출병'은 그들에게 군사 작전 수행 능력을 과시할 수 있는 절호의 기회였죠. 독립군 토벌에서 성과를 달성하면 군사적 업적과 직결될 수 있었습니다. 이런 욕망은 작전 계획을 무시한 무리한 단독 작전의 주요 요인이 되었죠. 이러한 단독 작전으로 말미암아 일본군 스스로 지휘 체계를 붕괴시켰고, 이 과정에서 블라디보스토크 파견군과 조선 주둔 일본군 간의 협조는 더 이상 기대할 수 없게 되었습니다.

독립군은 일본군의 빈틈을 정확하게 파고들었죠. 독립군에게 지형은 우군이자 또 다른 무기였습니다. 독립군은 지형을 활용해 일본군의 포위망을 탈출했고, 일본군과 조우 시에는 피해를 최소화하면서 전투에서 벗어났죠. 이 과정에서 일본군에게 막대한 피해를 안겨주었습니다. 일본군은 지형을 활용한 독립군의 전술과 간도의 지형지물 속에 점차 발이 묶일 수밖에 없었죠. 동상, 장티푸스 등 간접적 피해 역시 심각했습니다. 하지만 독립군은 찾을 수 없었습니다.

독립군은 조선 주둔 일본군과 블라디보스토크 파견군 사이의 빈 공간으로 빠져나가, 헤이룽장성의 밀산(密山)을 거쳐 자유시(스보보드니)로 이동했습니다. 토벌 작전에 투입된 일본군 역시 독립군 상당수가 그쪽으로 빠져나가려 한다는 것을 파악했죠. 그렇기 때문에 관동군까지 투입했습니다. 원래 관동군 중 일부가 시베리아 파견군의 일부로 동청철도 수비 임무를 수행하고 있었는데, 일본 육군은 이 부대까지 투입한 것이었죠. 이 부대는 신속하게 투입되었지만, 이미 독립군은 포위망을 뚫고 헤이룽장성 방향으로 상당수가 탈출한 상태였습니다. 결국 이렇게 일본군이 생각한 포위망은 무너졌고 독립군은 다 빠져나갔죠. 그래서 실제로 독립군의 희생자가 그렇게 많지는 않았습니다.

간도참변, 죽은 자는 말이 없다

독립군 희생자는 적었지만, 오히려 민간인 희생자가 더 많았습니다. 독립군을 찾지 못한 일본군이 민간인을 학살하기 시작한 것입니다. 말 그대로 참변이었습니다. 정상적인 군대라면 절대 할 수 없는 짓을 일본군은 자행했습니다.

이러한 일본군의 잔인한 민간인 학살을 간접적으로 확인할 수 있는 것은 일본군의 기록입니다. 일본군 기록에는 "김좌진의 수하인데 심문 중 도주하여 사살했다"는 식으로 기술되어 있습니다. 이렇게 수백 명이 적혀 있죠. 누구의 부하인데 심문 도중 도주해 사살했다는 것입니다. 이러한 기술은 전시 상황을 고려해도 극히 이례적이라고 할 수 있습니다. 사실상 실제 신원을 확인할 수 있는 포로를 만들기보다 도주했다는 이유로 사살해 신원을 확인할 수 없게 했다는 것이 더 적합한 설명일 것입니다. 죽은 자는 말이 없기 때문입니다. 전쟁에서 포로를 관리하는 것은 쉬운 일이 아니고, 또 민간인이라도 잡아두는 건 어렵습니다. 그렇기 때문에 일본군은 그냥 죽이고 이를 전과로 올리는 것을 선택했다고 할 수 있습니다. 우리는 이러한 행위를 학살이라고 부릅니다. 간도참변은 그다음 해까지 이어졌습니다.

일본은 이런 만행을 4월부터 시작했습니다. 4월 참변, 이른바 연해주참변이 그 연장선에 있는 사건입니다. 그들은 사실 독립군을 제대로 발견조차 하지 못했고, 그 결과로 지역에 살고 있던 민간인에 대한 학살을 계속했습니다. 그것이 일상화되었다고 할 수 있죠.

그런데 블라디보스토크 파견군 역시 비슷한 규모의 병력을 독립군 토벌 작전에 투입했습니다. 이들의 구체적인 한인 독립군 탄압 기록은 아직 드러난 것이 없습니다. 하지만 4월 참변 등을 고려한다면 이들 역시 별반 다르지 않았을 것입니다. 그렇다면 『간도출병사』에 기록되지 않은 절반의 작전은 아직 규명되지 않은 것으로 보입니다. 그들이 조선 주둔 일본군보다 훈련이 잘된 부대라는 점을 고려한다면 더 많은 한인이 희생되었을 가능성 역시 충분합니다.

청산리전역은 다행히 일본군의 탄압 과정에서 살아남아 기록을 남겨놓은 수많은 독립군 덕분에 우리가 그 실체를 알 수 있는 것인지도 모릅니다. 하지만 토문자(土門子)를 비롯해 블라디보스토크 파견군이 주로 투입되었던 곳은 기록을 남기지 못했거나, 아직 기록을 찾지 못했기 때문에 그 실체를 제대로 규명하지 못하고 있습니다. 그렇다면 1920년 10월의 청산리전역은 단순히 청산리라는 한 지점이 아니라, 중국 동북 지역 전체에서 행해진 것이라고 볼 수 있습니다.

국제 정세의 변화와 일본의 학살

여기서 우리는 과연 일본은 왜 그런 만행을 저질렀는지 돌아볼 필요가 있습니다. 사실은 이것이 우리가 전쟁사를 국제 관계의 측면에서 살펴보는 이유이기도 합니다. 러시아는 1917년 공산혁명, 이른

전쟁으로 보는 한국 근대사

바 사회주의 혁명 이후에 급격하게 그 세력을 확대하기 시작했습니다. 그런데 세계대전 이후 폴란드와 러시아 간에 전쟁이 일어났습니다.

제1차 세계대전 직후 러시아의 지배를 받던 폴란드는 자신들의 영토를 되찾겠다는 명분 아래 러시아를 공격했습니다. 당시 러시아는 적군과 백군으로 나뉘어 내전 중에 있었는데요, 이른바 적백내전입니다. 볼셰비키는 제1차 세계대전 중 독일과 단독으로 강화 협상을 체결하고 전쟁에서 빠졌죠. 당시 러시아 전선에는 러시아군 이외에도 많은 연합군이 있었습니다. 특히 헝가리-오스트리아제국의 식민지였던 체코 등에서 징병되었다가 포로가 된 이들이 자유 프랑스군이라는 형태로 연합군의 일부로 가담하고 있었죠. 하지만 러시아와 독일이 강화하면서 이들의 상황이 애매해졌고, 러시아와 연합군은 체코군이 블라디보스토크를 통해 유럽으로 이동할 수 있도록 협상했습니다. 이때 러시아는 체코군의 무장해제를 요구했고, 이를 체코군이 거부하면서 전투가 벌어졌습니다. 체코군은 무력으로 시베리아 횡단철도를 장악했습니다.

체코군이 시베리아 횡단철도를 장악하면서 옴스크 등을 중심으로 반혁명세력이 임시정부를 수립했고, 이들을 연합군이 지원하면서 내전이 발발하게 되었죠. 이로 인해 러시아 볼셰비키 정부군 세력은 극도로 약화되었는데, 이 기회를 놓치지 않고 폴란드가 러시아를 공격했습니다. 폴란드군은 많은 전과를 올렸지만, 1920년 여름을

시베리아 횡단철도를 장악한 체코군.
출처: 위키피디아.

전후하여 전세가 역전됩니다. 심지어 러시아군이 폴란드의 수도인 바르샤바 앞까지 진출했습니다. 바르샤바는 함락 직전의 위기에 직면했습니다.

영국을 비롯한 서방 국가는 긴장할 수밖에 없었는데요. 왜냐하면 당시 독일과 헝가리에서 공산혁명이 일어났기 때문입니다. 공산화된 러시아와 독일 사이에 자본주의 국가인 폴란드가 완충지대 역할을 하고 있었는데, 폴란드마저 공산화되면 러시아, 폴란드, 독일 그리고 그 아래에 있는 헝가리까지 공산 세력이 장악할 것입니다. 이 경우 중부 유럽부터 동유럽까지 전체가 공산화되는 상황이 벌어질 수 있었습니다.

이때 E. H. 카가 세계 10대 사건이라고 꼽은 비스와강의 기적이 일어났습니다. 폴란드군은 비스와강을 두고 바르샤바를 방어하고 있었는데, 폴란드군이 러시아군을 격퇴한 것입니다. 심지어 폴란드군은 그 여세를 몰아 러시아로 진격하기 시작했죠. 폴란드군은 러시아의 마지막 저지선까지 뚫고 계속 공격했습니다. 불과 1개월 만에 전세가 역전된 것입니다. 8월부터 러시아 볼셰비키는 사실상 존망의 기로에 서게 되었고, 9월에는 절체절명의 순간까지 내몰렸습니다. 10월에 이르자 사실상 러시아에는 더 이상 희망이 남아 있지 않았습니다. 다행히 러시아 볼셰비키는 백군의 공격을 막아내면서 정권을 계속 유지할 수 있었지만, 폴란드에게 굴욕적인 협정을 강요당했습니다. 결국 이듬해 2월 러시아는 폴란드와 조약을 체결했습니다.

당시 중국 동북 지역을 넘어 시베리아까지 진출하려는 일본에 러시아의 위기는 절호의 기회였죠. 러시아의 전력이 대폴란드 전선에 집중되어 있는 동안 시베리아 전선은 소홀할 수밖에 없었습니다. 일본은 다시 바이칼호까지 확보하고자 했습니다. 앞에서 이야기한 '전과'를 쌓을 수 있는 절호의 기회를 확보한 것이었죠. 그래서 관동군과 블라디보스토크 파견군 그리고 조선 주둔 일본군까지 동원해 이른바 '간도출병'을 시작했습니다.

여기에는 또 한 가지 이유가 있습니다. 1911년 신해혁명으로 청

러시아–폴란드 전쟁 당시 바르샤바 전투, 이른바 '비스와 강의 기적'.
출처: 위키피디아.

조가 멸망한 이후 중화민국이 수립되었습니다. 당시 중국 동북 3성
은 장쭤린(張作霖, 1875~1928)이 지배했는데요. 하지만 1920년 7월
북양군벌의 한 파벌인 직례군벌(直隷軍閥)과 장쭤린이 연합해 당시
중국 정부를 장악하고 있던 돤치루이(段祺瑞, 1865~1936)와 전쟁을
일으켰습니다. 이른바 안직전쟁(安直戰爭)입니다. 이 전쟁에서 장쭤
린 연합이 승리하면서 장쭤린은 베이징에 입성했습니다. 원래 봉천
군벌이었던 장쭤린은 베이징에 입성하면서 주요 전력을 그쪽으로
이동시켰고, 사실상 배후 지역이라고 할 수 있는 엔지는 약화되었습
니다. 이런 까닭에 일본에는 대륙 진출을 위한 또 다른 기회가 찾아

전쟁으로 보는 한국 근대사

왔다고 할 수 있었습니다.

　제1차 세계대전 이후 러시아와 폴란드가 전쟁을 하고 있었고, 그 결과 러시아가 약화되는 상황에서 본토에서는 내전까지 일어나 연해주 일대는 무법지대가 되었습니다. 그 상황에서 중국 군벌 간에 전쟁이 벌어졌고요. 여기에 일본은 계속 팽창 정책을 추진하고 있었습니다. 하지만 제1차 세계대전 이후 일본은 군비를 축소해야만 했고, 당연히 군인을 줄여야 하는 상황이었죠. 이런 요인들이 겹치면서 일본군은 시베리아까지 영향력을 확대하고자 간도에 군대를 파병했습니다. 이때 많은 일본군이 앞다투어 자신들의 전과를 세우고자 민간인을 학살한 뒤 그것을 전과로 포장하기 시작했습니다.

청산리전역의 재평가

　전쟁사라는 것은 내부의 역학과 국제 관계의 역학이 뒤엉켜 빚어진다고 할 수 있습니다. 단순히 독립전쟁이라는 내용에서만 끝나는 것이 아닙니다. 청산리라는 공간에서 벌어진 내용을 추적하면, 서양사의 주요 사건부터 시작해 일본의 군축으로 인한 개개인의 승진 야욕까지 뒤엉켜 일어났음을 알 수 있습니다. 그렇기 때문에 청산리전역은 단순하게 규정할 수 없습니다.

이범석(李範奭, 1900~1972)의 표현대로 청산리전역은 우리가 일본 군을 포위 소멸해서 수천 명을 무찌른 전투였기에 세계사적으로 너무 큰 사건이라고 할 수 있죠. 세계사적 측면에서 볼 때 청산리전역의 결과는 일본의 대륙 팽창 정책을 사실상 10년 동안 지연시켰다고 평가할 수 있습니다. 일본은 장쭤린 폭살에 이어 1931년 만주사변을 일으키면서 그것을 다시 반복하기 때문입니다.

전쟁사라는 것은 많은 내용으로 정의할 수 있고 또 이야기할 수 있습니다. 아쉽게도 전쟁사는 교과서에서 다루는 것도 아니고 우리나라에서는 주류도 아닙니다. 흔히 소수의 마니아가 좋아하는 내용으로 치부되기도 합니다. 하지만 전쟁사는 한 시대를 바라보는 매우 중요한 수단이고, 이를 통해 우리는 역사를 보는 다양한 관점을 얻을 수 있습니다. 또한 우리가 딛고 서 있는 현재를 이해하는 중요한 토대를 제공해주기도 합니다. 우리의 주권은 타국에 의해 주어진 것이 아니라 우리 선조들이 피땀 흘려서 쟁취해낸 것입니다. 독립전쟁이 그 사실을 증명합니다. 이 과정을 밝혀 보여주는 것이 전쟁사 서술의 진면목이라고 할 수 있습니다.

EBS·클래스ⓔ 시리즈 27

전쟁으로 보는 한국 근대사

2판 1쇄 발행 2022년 6월 10일

지은이 신효승

펴낸이 김유열 | **지식콘텐츠센터장** 이주희 | **지식출판부장** 박혜숙
지식출판부·기획 장효순, 최재진 | **마케팅** 김효정, 최은영 | **인쇄** 여운성
북매니저 김희선, 윤정아, 이민애 | **렉처팀** 허성호, 정명, 유가영, 엄화은, 신미림
책임편집 표선아 | **디자인** 김서이 | **인쇄** 우진코니티

펴낸곳 한국교육방송공사(EBS)
출판신고 2001년 1월 8일 제2017-000193호
주소 경기도 고양시 일산동구 한류월드로 281
대표전화 1588-1580
홈페이지 www.ebs.co.kr | **이메일** ebs_books@ebs.co.kr

ISBN 978-89-547-6677-7 04300
       978-89-547-5388-3 (세트)